GÜNTHER BORNKAMM

BIBEL

DAS NEUE TESTAMENT

THEMEN DER THEOLOGIE

HERAUSGEGEBEN

VON HANS JÜRGEN SCHULTZ

BAND 9

GÜNTHER BORNKAMM

BIBEL

DAS NEUE TESTAMENT

EINE EINFÜHRUNG
IN SEINE SCHRIFTEN
IM RAHMEN DER GESCHICHTE
DES URCHRISTENTUMS

KREUZ-VERLAG STUTTGART · BERLIN

MEINEN KINDERN

1. AUFLAGE (1.—10. TAUSEND)

GESTALTUNG: HANS HUG
GESAMTHERSTELLUNG:
VERLAGSDRUCKEREI E. RIEDER, SCHROBENHAUSEN
ISBN 3 7831 0361 4

INHALT

Vorwort 7

Einführung:
Die Ur-kunde des christlichen Glaubens 9

I. Teil
Jesu Botschaft 17

II. Teil
Das Evangelium und die Evangelien 24

III. Teil
Die synoptischen Evangelien 35
A. Die Quellen 35
B. Die älteste Jesusüberlieferung 39
C. Typen der Christusbotschaft 53
a) Jesu Lehre in Vollmacht (Worte Jesu) 54
b) Jesu Taten in Vollmacht (Jesusgeschichten) 56
c) Jesu Geschick (Passion und Auferstehung) 60
D. Markus – Matthäus – Lukas 63
a) Der Sohn Gottes (Markus) 63
b) Der Lehrer der Kirche (Matthäus) 71
c) Der Heiland der Welt (Lukas) 77
Anhang: Die Apostelgeschichte 81

IV. Teil

Das Evangelium in der Botschaft des Paulus 87

A. Zum Verständnis der Paulusbriefe 87

B. Die Geschichte des Paulus und das Grundthema seiner Botschaft 95

C. Die Briefe des Paulus im Rahmen seiner Geschichte 108

Erster Thessalonicherbrief 108 Zweiter Thessalonicherbrief (unecht) 109 Erster Korintherbrief 112 Zweiter Korintherbrief 117 Galater-, Philipper-, Philemonbrief 120 Römerbrief 122

Anhang: Die deuteropaulinischen Briefe 129

Kolosser-, Epheserbrief 130 Pastoralbriefe (Erster und Zweiter Timotheus-, Titusbrief) 132

V. Teil

Christusbotschaft und Glaube in den späten Schriften des Neuen Testaments 134

A. Zum Verständnis der späten neutestamentlichen Schriften 134

B. Die Kirchenbriefe 137

Jakobusbrief 137 Erster Petrusbrief 138 Hebräerbrief 140 Judas- und Zweiter Petrusbrief 144

C. Die Offenbarung Johannes 145

D. Das Johannesevangelium und die johanneischen Briefe 149

Schluß

Das eine Thema des Neuen Testaments 164

Literaturhinweise 167

Namen- und Sachregister 170

Bibelstellenregister 174

VORWORT

»Für alles gibt es eine Stunde, und eine Zeit hat jedes Vorhaben unter dem Himmel« (Pred. 3, 1). Je nach Zeit und Stunde gibt auch das Neue Testament Fragen auf von sehr verschiedener Art und Dringlichkeit, gleichviel ob wir mit der christlichen Überlieferung vertraut sind oder sie uns fremd geworden ist. Dem möchte dieses Buch gerecht werden. Zugleich will es neue Möglichkeiten und Wege wissenschaftlicher Erkenntnis aufzeigen. Beides steht in Wechselbezug zueinander.

Selbstverständlich kann diese Einführung nicht eine erschöpfende Übersicht über den Inhalt der neutestamentlichen Schriften bieten. Wohl aber will sie einen Eindruck von ihrer Mannigfaltigkeit und geschichtlichen Eigenart geben, ihre zentralen Gedanken und Probleme zur Sprache bringen und so zur eigenen Lektüre anregen. Zu dieser Lektüre sei Das Neue Testament, übersetzt und kommentiert von Ulrich Wilckens (1970), besonders empfohlen.

Wichtig war mir, in diesem Buch die Leser nicht nur mit anerkannten Ergebnissen der Forschung bekannt zu machen, sondern sie an dem Prozeß des Fragens und Erkennens zu beteiligen.

Notgedrungen mußte dabei eine Auswahl getroffen und über den knapp bemessenen Raum unterschiedlich

verfügt werden. Die ersten drei Evangelien und die Briefe des Paulus werden darum eingehender, andere Schriften mehr summarisch behandelt. Auch habe ich auf eine Darstellung der Text- und Auslegungsgeschichte verzichten müssen, das außerkanonische Schrifttum der frühen Kirche nicht einbezogen und Literaturverweise auf ein Mindestmaß beschränkt.
Die Anordnung, in der die einzelnen Schriften und Schriftengruppen besprochen werden, konnte sich nicht streng an den Kanon halten. Wo es geboten schien und die Orientierung erleichterte, wird aber auch von dem Prinzip ihrer Abfassungszeit abgewichen.
Bei der Gestaltung des Manuskriptes, der Korrektur und der Anfertigung der Register war mir vor allem die unermüdliche, verständnisvolle und kritische Mitarbeit von cand. theol. Wolfgang Stegemann eine unschätzbare Hilfe. Ihm sowie auch meinen Assistenten Bernd Steinseifer und Wolf Henning Ollrog habe ich für ihre Mühe herzlich zu danken.

Günther Bornkamm

Einführung

Die Ur-kunde des christlichen Glaubens

Dieses Buch möchte dazu helfen, den Zugang zum Neuen Testament freizulegen; es wird ihn, wo die Sache es gebietet, hier und da vielleicht auch erschweren. Daß er vielfach verschüttet ist, bedarf keiner langen Erörterung. Obwohl noch immer wie kaum ein anderes Buch über die ganze Welt in ungezählten Sprachen verbreitet und immer noch unter dem Titel: *Das* Buch (der Bücher), ist die Bibel in unserer Zeit alles andere eher als ein Bestseller und führt weithin ein Inkognito-Dasein. Die Entfremdung ihr gegenüber hat jedenfalls heute, verglichen mit früheren Zeiten, ein einzigartiges Ausmaß angenommen.

Eine der Ursachen für diese Entwicklung liegt ohne Frage in der christlichen Tradition selbst, die in unserer gewandelten Welt tiefgreifend erschüttert ist. Ohne Traditionen ist menschliches Leben nicht denkbar. Wer das nicht wahrhaben will, zerstört die Fundamente seiner Existenz und braucht sich nicht zu wundern, wenn das eigene Lebensboot kiellos dahintreibt oder bald auf dem flachen Sand festsitzt. Aber jahrhundertealte Traditionen wie in diesem Fall die christliche haben es ebenso an sich, nicht nur je und dann Staub aufzuwirbeln, sondern – was schlimmer ist – auch einstmals lebendige und herausfordernde Geschichte mit einer dicken Staubschicht wie mit einem Leichentuch zu bedecken. Zur »bloßen« Tradition geworden, tritt sie zwar oft noch mit dem Anspruch auf, das Überlieferte gültig zu repräsentieren, aber vermag die Geschichte nicht mehr zu vergegenwärtigen, weil sie sich selbst der veränderten Gegenwart nicht stellt. In dieser Weise versagend, hat die kirchliche Tradition die von ihr überlieferte Geschichte vielfach gleichsam in ein Tabernakel oder einen Panzerschrank eingeschlossen, mag sein in der ehrlichen Absicht, sie vor Verfälschung durch den jeweiligen Zeitgeist zu schützen. Aber eine dergestalt aufbewahrte Geschichte kann nicht mehr reden; sie verstummt.

Wie aber wird der Anruf einer Geschichte und also auch der in der Bibel bezeugten vernehmbar? Vielleicht für manchen überraschend ist darauf zunächst zu antworten: Indem wir ihr ihre Zeit, ihren Ort, ihre Sprache, ihre Welt belassen und sie nicht sofort für uns vereinnahmen. Wer die Ferne und Fremdheit der biblischen Gestalten und Zeugen nicht aushält, ihnen die Anschauungen, Vorstellungen und Denkweise der eigenen Zeit voreilig aufzwingt oder umgekehrt seiner eigenen Gegenwart entflieht und so tut, als wäre er ihresgleichen, vereitelt jede wirkliche Begegnung mit ihren Texten und läßt sie ihr eigenes Wort nicht mehr sagen. Damit betrügt er sie zugleich um den hörenden und fragenden Dialogpartner, zu dem sie heute reden wollen.

Aufgabe der Bibelwissenschaft ist es, mit den ihr an die Hand gegebenen Mitteln der Sprach- und Geschichtswissenschaft die biblischen Autoren sagen zu lassen, was sie sagen, ihre Sache zur Sprache zu bringen, das von ihnen Gemeinte nach bestem Vermögen zu verstehen und zu »über-setzen« – wie ein Fährmann eine Fracht von einem Ufer zum andern – aus ihrer Zeit und Welt in die unsere. Es ist nicht wahr, daß die Bibelwissenschaft nur an dem Mausoleum der Bibel weiterbaue. Wie weit solche Übersetzung gelingt, ist nie von vornherein zu entscheiden. Sie stößt allenthalben an die Grenzen des eigenen Vermögens, aber auch an die der Bibel als eines Dokumentes der Geschichte; es wäre Illusion, zu meinen, sie rede noch heute vollgültig mit allem, was zwischen ihren Buchdeckeln steht.

Recht verstanden ist die Zeit- und Geschichtsgebundenheit des Alten und Neuen Testaments nicht »ein Erdenrest, zu tragen peinlich«, vielmehr ein Anzeichen dafür, daß ihre Zeugen und Autoren ihre Botschaft jeweils in eine bestimmte Situation und sehr verschiedenen Menschen ausgerichtet haben; so können und sollen sie die Unterschiedlichkeit ihres Ursprungs und ihrer Art nicht verleugnen. Dieser Prozeß, der allerorten auch im Neuen Testament seine Spuren hinterlassen hat, zeigt, daß die Frage des rechten, aktuellen Verstehens dem Christentum von seinem Ursprung an ein für allemal eingepflanzt ist. Im Unterschied zu vielen anderen Religionen konnte es darum niemals Sache der christlichen Boten sein, nur heilige Riten zu zelebrieren und sakrosankte Formeln zu zitieren.

Erste Informationen

Zunächst sollen einige gängige Fehlmeinungen zurechtgerückt werden, die das Verständnis des Neuen Testaments belasten.

1. Zu ihnen gehört schon die Vorstellung, das Neue Testament sei von jeher die »Heilige Schrift« des Christentums gewesen. Als solche galt allein, und zwar von Anfang an und ohne Ausnahme, das Alte Testament. Das Neue Testament gab es in den Anfangszeiten überhaupt nicht. Die Bildung des neutestamentlichen *Kanons* mit seinen sehr verschiedenen 27 Schriften hat sich erst stufenweise zwischen dem ausgehenden 2. und dem 4. Jahrhundert vollzogen. Nicht unwichtig ist, daß dieser »Kanon« (griechisches Wort für Maßstab, Richtschnur) nicht eigentlich das Resultat einer Sammlung war, sondern einer Auswahl der für maßgeblich gehaltenen Schriften aus einer Flut anderer kirchlicher und häretischer Literatur, die wir teilweise ganz, teilweise in Fragmenten noch besitzen; vieles davon ist freilich untergegangen. Soweit wir uns aus dem Vorhandenen ein Urteil bilden können, haben sich bestimmte Prinzipien, nach denen diese Auswahl getroffen wurde (Abfassung der Schriften durch Apostel oder deren Schüler), zwar als irrig erwiesen, im Endergebnis jedoch ist die Auswahl als glücklich zu bezeichnen. Kaum für eine einzige außerkanonische Schrift wäre ihre Aufnahme in den Kanon wünschenswert, höchstens kann man bezweifeln, ob alle neutestamentlichen Schriften gleichermachen ihre Aufnahme verdient hätten. In jedem Fall ist der Kanon ein Produkt irdisch-menschlicher Geschichte und nicht vom Himmel gefallene Offenbarung. Den Anstoß zu seiner Bildung gab übrigens nicht ein Vertreter der Großkirche, sondern Marcion (Mitte des 2. Jahrhunderts), der Begründer einer Gegenkirche. Dieser verwarf, streng dogmatisch an einem allerdings gröblich mißverstandenen Paulus orientiert, das Alte Testament

als Willenskundgabe eines anderen, jüdischen, unerbittlich »gerechten« Gottes im Gegensatz zu dem christlichen Gott der reinen Güte und traf dementsprechend auch aus dem christlichen Schrifttum eine rigorose Auswahl. Die Abwehr dieser dualistischen, schöpfungsfeindlichen Häresie hat bei der Entstehung des kirchlichen Kanons eine erhebliche Rolle gespielt.

2. Der Begriff *Neues Testament* für das kanonische Corpus der christlichen Schriften hat sich erst allmählich durchgesetzt. Nicht als Buchtitel, sondern als theologische Aussage gemeint, spricht er gleichermaßen Einheit und Unterschied der Offenbarung Gottes im Alten Bund und ihre Erfüllung in Christus aus. Er hat seine Wurzel in 2. Kor. 3, 6 ff., wo Paulus in Anlehnung an die alttestamentliche Verheißung Jer. 31, 31 den »Alten« und »Neuen Bund« (Gesetz und Evangelium) einander gegenüberstellt und zugleich beides einander zuordnet. Schon in der Septuaginta (griechische Übersetzung des Alten Testaments: Jer. 38, 31) ist für das hebräische Wort »Bund« das Wort diatheke gewählt, das ursprünglich Anordnung, Stiftung, Heilsverfügung bedeutet. Im Lateinischen wurde dieses mit testamentum wiedergegeben. Dabei ist selbstverständlich nicht mehr an die letztwillige Verfügung eines Sterbenden gedacht, sondern will jener griechische Wortsinn herausgehört werden. Auf diesem verschlungenen Weg sind Altes und Neues Testament Bezeichnung der beiden Teile des biblischen Kanons geworden.

3. Verglichen mit dem Alten Testament scheint das Thema des Neuen Testaments erstaunlich vereinfacht. Es

läßt sich auf den einen Namen bringen: Jesus Christus. Dem entspricht die Verschiedenartigkeit der hier und da dokumentierten Geschichte. Dort eine tausendjährige, bewegte Abfolge von Geschehnissen vom Auszug Israels aus Ägypten über seine wechselvollen Schicksale bis zum Verlust seiner Eigenstaatlichkeit und zur Neukonstituierung des jüdischen Volkes nach dem Exil, und im Zuge dessen eine Fülle von Gestalten und Vorgängen, Fakten und Daten und ihrer Dokumente. Gegenüber dieser weiträumigen, plastischen, reichen Geschichte wirkt die im Neuen Testament bezeugte eng und arm, auch wenn in ihr die für das Alte Testament charakteristischen Grenzen einer volksgebundenen Geschichte radikal gesprengt sind und nur im Blick auf das Neue Testament sinnvoll von einer Zeitenwende gesprochen werden kann. Dieses letztere aber hat offenkundig seinen Grund eben in der im Neuen Testament radikal vollzogenen Konzentration der Thematik auf Jesus Christus. Ihm und seiner Geschichte gegenüber rückt alles andere in den Schatten. Alle Gestalten sonst, von denen hier berichtet wird – seine Jünger und Gegner, Fromme und Unfromme, Besessene und Geheilte, Pilatus und die Römer –, sind von Belang nur, sofern sie im Schatten oder auch im Lichte Jesu erscheinen. Von eigentlichem und wesentlichem Interesse ist für das urchristliche Verständnis überhaupt nicht der pure Ablauf historischer Fakten, nicht einmal in der Darstellung des irdischen Wirkens und Geschicks Jesu selbst, sondern das Geschehen, das sich *in* Jesus und seiner Geschichte zwischen Gott und der Welt letztgültig und heilbringend ereignet hat.

4. Analog dem Alten Testament werden auch die neutestamentlichen Schriften in unseren Bibeln in Geschichtsbücher (Evangelien, Apostelgeschichte), Lehrbücher (Briefe), prophetisches Buch (Offenbarung Johannes) eingeteilt. Diese Anordnung und Bezeichnung ist in Wahrheit jedoch anfechtbar, weil man unwillkürlich damit die irrige Vorstellung verbindet, die erste Schriftengattung enthalte die Darstellung der den Glauben begründenden vergangenen Geschichte, die zweite zeitlosgültig die christliche Lehre, und die dritte eröffne dem Glauben den Blick für Zukunft und Weltende. Aber diese allzu eingängige, nach den drei Dimensionen der Zeit gegliederte Aufteilung hält bei genauerem Zusehen nicht stand. Denn alle neutestamentlichen Schriften enthalten den glaubenden Rückbezug auf das Christusgeschehen, wie sie, wenn auch in verschiedener Weise, Gegenwart und Zukunft zum Inhalt haben. Das wird im folgenden sichtbar werden.

5. Schließlich sei noch die durch Kanonbildung und kirchliche Tradition genährte vulgär-dogmatische Ansicht abgewehrt, das Neue Testament sei so etwas wie eine Summe verbindlicher christlicher Lehre, anders gesprochen, eine Art Normaldogmatik. Wer dieser Illusion erliegt, muß zwangsläufig die nicht unerheblichen Differenzen innerhalb der vier Evangelien (besonders der sogenannten synoptischen zu Johannes), der Apostelgeschichte zu Paulus, des Paulus zu Jakobus u. a. ignorieren und die Texte so lange abschleifen, bis jeder neutestamentliche Autor so etwa dasselbe sagt. So gewiß wir nach dem einen gemeinsamen Thema des Neuen Testaments zu fragen haben, so wenig ist es erlaubt, Unter-

schiede und Gegensätze zu verwischen. Das berühmte Prokrustesbett ist das untauglichste und schlechteste Instrument für jede Interpretation des Neuen Testaments.

Nach allen diesen kritischen Überlegungen kann man die Frage: Was ist das Neue Testament? positiv beantworten: Es ist die *Ur-kunde* des christlichen Glaubens. Der Bindestrich ist in dieser Formulierung keine modische Spielerei, sondern soll den Sinn des Wortes von seinem geläufigen, sowohl archivarisch-historischen wie rechtlich-gesetzlichen Gebrauch abheben. Ur-kunde ist das Neue Testament allerdings auch im »geschichtlichen« Sinne, aber als anfängliche und grundlegende Kunde und Anruf. Und ebenso ist es »verbindlich«, jedoch nicht in der Weise, daß es seine Leser auf die Anerkennung einer uniformen Lehre verpflichtet, vielmehr so, daß es ihn mit einer Fülle von Ausprägungen und Auswirkungen des Glaubens im Urchristentum konfrontiert und ihn auf Schritt und Tritt an dem Prozeß des Glaubens und Erkennens und dem Kampf um Wahrheit und Irrtum kräftig beteiligt.

I. Teil

Jesu Botschaft

Wer von dem Neuen Testament sachgemäß etwas aussagen will, kann sich nicht darauf beschränken, seinen Inhalt wiederzugeben, seine Schriften aufzuzählen und über ihre Entstehung, ihre Verfasser, ihre Adressaten und ihren Anlaß zu berichten. Er muß von Jesus sprechen. Das aber heißt: von dem, der nicht nur *in* diesem »Buch« steht, sondern in mehrfacher Bedeutung des Wortes *vor* ihm steht. Das gilt im zeitlich-historischen Sinn: Jesus ist nicht der Autor des Neuen Testaments, auch nicht eines Evangeliums. Er hat keine Schrift verfaßt, keine Zeile hinterlassen und war ebensowenig ein Ausleger der »Schrift« im zünftigen Sinne der Schriftgelehrten. Das sind bekannte Tatsachen, aber wert, sie zu bedenken. Es gilt aber auch im sachlichen Sinn: Jede neutestamentliche Aussage will im Blick auf ihn verstanden und an ihm gemessen werden.

Das scheint leichter gesagt als getan. Denn es ist kein Geheimnis, daß unser geschichtliches Wissen über Jesus sehr lückenhaft ist. Die einzigen historischen Quellen über ihn sind unsere Evangelien. Andere vereinzelte Erwähnungen seiner Person etwa in späteren jüdischen Schriften oder bei römischen Historikern sind vergleichsweise wertlos, flüchtige Nachrichten aus zweiter oder dritter Hand. Auch was die in Fragmenten erhaltene apokryphe, das heißt nicht in den Kanon aufgenommene christliche Literatur hergibt, sind fast durchweg spätere Wucherungen und Phantasieprodukte. Schwerlich ist auch zu erwarten, daß irgendwo in Palästina, Ägypten oder sonstwo noch einmal ein »authentisches« Evangelium auftauchen wird. Unsere vier kanonischen aber enthalten keine Stenogramme seiner Predigt, keine Protokolle über seine Taten und sein Geschick und keine Biographie Jesu im antiken oder modernen Sinn.

Dennoch wäre es unsinnig und nicht gerechtfertigt, an dieser entscheidenden Stelle einen weißen Fleck zu lassen oder ein mysteriöses X einzusetzen. Denn die Evangelienüberlieferung hat, in welchem Umfang auch immer, das unverwechselbar eigene Wort des geschichtlichen Jesus aufbewahrt, und zwar allermeist so, daß im einzelnen das Ganze ist. Wir sind deshalb nicht darauf angewiesen, zuvor in jedem Fall Echtheit und Wortlaut kritisch sicherzustellen und aus dem mühsam rekonstruierten Bestand seine Predigt im ganzen zusammenzustücken.

Unsere Aufgabe ist hier nicht, eine vollständige Jesus-Darstellung zu geben. Wir beschränken uns auf die Mitte seiner Verkündigung: Jesu Botschaft vom Kommen der Gottesherrschaft. Sie ist im Markusevangelium – schon in der Sprache der frühchristlichen Mission – programmatisch zusammengefaßt: »Die Zeit ist erfüllt und die Herrschaft Gottes nahe. Kehrt um und glaubt der Heilsbotschaft« (1, 15).

In der Umwelt der ersten Hörer Jesu waren die Worte: Gott – Gottes Königtum – Gottes Reich zwar gewiß nicht unbekannte Vokabeln, aber sie waren bei den pharisäischen Frommen eigentümlich verfremdet, verschoben und nicht mehr von lebendiger Gewißheit und Erwartung erfüllt. Die Vertreter dieser Kreise hatten sie gleichsam in das Ghetto und in den Jargon ihrer Zunft mitgeschleppt. Man sprach etwa davon: »Das Joch des Königtums Gottes auf sich nehmen« und meinte damit, gegenüber heidnischer Vielgötterei an dem Bekenntnis zu dem einen Gott festzuhalten und dem Buchstaben des Gesetzes gehorsam zu sein, in der Hoffnung, daß am Ende der Tage das Königtum Gottes noch einmal offenbar werden solle. Aber die wirkliche, aktuelle Erwartung zielte auf den nationalen Messias, der in der Endzeit das Joch der Fremdherrschaft zerbrechen und dem jüdischen Volk seine Eigenstaatlichkeit zurückgeben werde. Ins Universale ausgeweitet begegnet die jüdische Enderwartung in den großen Entwürfen der Apokalyptik, in ihren phantastischen Bildern vom Untergang dieser alten, bösen Welt, vom Weltgericht und einem danach anbrechenden paradiesischen Äon.

Gottes Herrschaft und Reich – hier in orthodoxfrommen Zirkeln privatisiert und dort ersetzt und ausgebaut zu einer theologisch verschlüsselten Konzeption, die die Welt schwarz in schwarz malt und dämonisiert, um die Herrlichkeit einer jenseitig-zukünftigen, neuen Welt um so heller aufstrahlen zu lassen. Die Herrschaft Gottes war so oder so an den Rand gedrängt, ins Jenseits abgeschoben, zu einer entleerten Chiffre geworden.

Noch eine andere Variante bietet die politisch-theokratische Widerstandsbewegung der »Zeloten« (das heißt Eiferer). Sie machten mit der Herrschaft Gottes im wahrsten Sinne des Wortes blutigen Ernst, schürten den Aufruhr und suchten mit allen Methoden eines Guerillakrieges die Gottesherrschaft herbeizuzwingen und Kollaborateure und Gesetzesbrecher auszurotten. Diese Bewegung löste schließlich den jüdisch-römischen Krieg aus und führte die Zerstörung Jerusalems herauf.

Vergegenwärtigt man sich diesen zeitgenössischen Hintergrund, so wird deutlich, daß Jesus ein zerstrittenes, mehr oder weniger religiös und politisch geladenes, brisantes Wort zum Inhalt seiner Botschaft machte und also durchaus nicht eine abgelegte, verstaubte Vokabel aus der Vergessenheit heraufholte. Aber wie geschah das? Für die einen wie die anderen war Jesus fremd, ärgerlich, ja eine unerträgliche Provokation. Eine Beleidigung für die in frommen Zirkeln Abgeschirmten, weil er ihren religiösen Betrieb nicht bestätigte, die eifersüchtig gezogenen Grenzen zwischen Gerechten und Ungerechten durchbrach und sich ebensowenig an den schweifenden Phantasien der apokalyptischen Visionäre beteiligte (Luk. 12, 56). Nicht minder unbrauchbar aber auch für die Zeloten, weil er nicht wie sie zu Sturm und Aufruhr blies (Mark. 12, 13 ff.), auch wenn es heute wieder Mode wird, ihn zu ihrem Parteigänger zu machen.

Für die Herrschaft Gottes, deren andringende Nähe Jesu Botschaft ansagt, läßt sich keine definierende Formel finden, nicht darum, weil sie ein Mysticum wäre, wohl aber, weil sie Geschehen und Ereignis ist, in dem die Zukunft Gottes und die Gegenwart der Menschen, denen Jesus mit seinem Wort, seinem Wirken und Verhalten begegnet, aufeinander treffen und sich füreinander öffnen: die Gottesherrschaft als heilbringende Zuwendung Gottes zur Welt und die irdisch-menschliche Gegenwart im Licht der befreienden Nähe Gottes. Daß Jesu Reich-

Gottes-Botschaft ohne die jüdisch-apokalyptische Zukunfts- und Enderwartung nicht denkbar ist und nicht verständlich gewesen wäre, steht außer Frage. Sie teilt mit seiner Zeit darum auch die eschatologische Überzeugung vom bald hereinbrechenden Weltende (Luk. 17, 24 ff. u. a.). Wer diese Zusammenhänge nicht sieht, wird darum zwangsläufig, wie zur Genüge oft geschehen, aus dem Reich Gottes in Jesu Predigt die zeitlos-allgemeine Idee des höchsten sittlichen Gutes machen. Die Zeitgebundenheit der Predigt Jesu hat, so könnte man sagen, einen ambivalenten Sinn: Seine Botschaft ist ihrer unwiederholbaren damaligen Zeit und Denkweise verhaftet und zugleich unablösbar von Zeit und Geschichte im Gegensatz zur Zeitlosigkeit des allgemeinen Gedankens.

Im Grunde bedarf die von Jesus verkündigte Gottesherrschaft des traditionellen Vorstellungsgefüges nicht mehr und geht jedenfalls darin nicht mehr auf (Messias, dramatischer Weltuntergang, Weltgericht, Menschensohn/Weltrichter, neue paradiesische Welt und dergleichen). Wo immer diese Motive in Jesu Botschaft begegnen, haben sie sichtlich die Funktion von Sprachelementen, aber sind nicht wie in seiner Umwelt Gegenstand der Lehre. Auch läßt sich an vielen der einschlägigen Stellen nachweisen oder vermuten, daß sie auf das Konto der späteren Gemeinde gehen. Besonders kennzeichnend ist, daß Jesus nirgends vorgängig für sich selbst die Anerkennung als eines eschatologischen Funktionärs fordert und die Gültigkeit seiner Botschaft an sie bindet. Das ist um so bemerkenswerter, als nach seiner Predigt die Gottesherrschaft schon mit seinem Wort, seinem Tun, seinem Verhalten hereinbricht. Schon ist der Stärkere da, der dem Regiment des Satans ein Ende macht und ihm seine Beute entreißt (Mark. 3, 27; Luk. 11, 20; Matth. 13, 16 f.).

Im vollen Sinne des Wortes entscheidend ist die Zuwendung Gottes, der nicht mehr als der Gefangene seiner eigenen Erhabenheit und eingesperrt in eine nebelhafte Zukunft, in die ihn fromme Tradition und Erwartung verbannt haben, die Welt sich selbst überläßt, sondern zu ihr kommt, so nahe, menschlich nahe, wie Jesu Gleichnisse es sehr profan schildern (Matth. 13, 24 ff. 31 f. 33 f. 44 ff.; 18, 23 ff.; 20, 1 ff.; Luk. 16, 1 ff. u. a.). Die Zukunft Gottes berechnen wollen, ist darum Narrheit, ja mehr noch: Flucht aus dem Heute angesichts der Zukunft (Luk. 17, 20). Wer das Gebot der Stunde hört, kann sich für derlei Ausflüchte keine Zeit mehr nehmen, aber empfängt damit in einem qualifizierten, nicht mehr bloß chronologischen Sinn die ihm zugemessene Zeit. Darum Jesu Ruf: »Sehet zu, wachet!« (Mark. 13, 33 u. ö.).

Gottes Herrschaft ist Zukunft und Gegenwart zugleich, nicht aufgelöst in bloße Gegenwart. Die Armen der ersten Seligpreisung befinden sich nicht schon im Himmel, die Weinenden sind nicht zugleich die Lachenden, den Hungernden wird nicht zugemutet, ihr Darben als Fülle anzusehen (Luk. 6, 20 ff.; Matth. 5, 3 ff.). Die ersten Bitten des Vaterunsers (Luk. 11; Matth. 6) setzen die harte Not voraus, daß Gottes Name geschändet wird und sein Reich noch nicht da ist. Aber ebensowenig vertröstet Jesus auf eine andere, bessere Welt, denn der kommende Gott ist schon jetzt auf dem Plan und am Werk.

Die Nähe Gottes rückt auch den anderen Menschen,

Freund und Feind, in gebietende Nähe. Von daher will auch Jesu souveräne Stellung zum Gesetz, seine Verkündung des Willens Gottes verstanden werden – in Vollmacht, und nicht wie die Schriftgelehrten (Matth. 7,28 f.) –, aber auch sein eigenes, in den Augen seiner Gegner blasphemisches Verhalten, das den tödlichen Konflikt mit den Autoritäten seines Volkes heraufführte. Der nahende Gott sprengt auch das mörderische Zwangsgefüge, in dem alles und jeder hoffnungslos verrechnet, eingestuft, verplant ist: Fromme und Unfromme, Privilegierte und Verfemte, Juden und Heiden. Das vermeintlich unerschütterliche, durch unantastbare Normen festgefügte, religiös sanktionierte Gestell der gängigen Welt wird durch Jesu Liebesgebot fragwürdig.

Jesus ruft diese Stunde der andringenden Herrschaft Gottes aus. Darin sind seine Heilsbotschaft und sein Bußruf eines: »Heil den Augen, die sehen, was ihr seht, denn ich sage euch: Viele Propheten und Könige wollten sehen, was ihr seht, und haben es nicht gesehen. Sie wollten hören, was ihr hört, und haben es nicht gehört« (Luk. 10, 23 f.). Und: »Kehrt um, denn das Himmelreich ist nahe herbeigekommen!« (Matth. 4, 17). Wohlgemerkt – nicht: Ihr werdet in den Himmel kommen, später, wenn eure Erdenzeit mit allen ihren Miseren ein Ende hat; sondern: Gott kommt zu euch! Auch nennt sein Bußruf nicht eigentlich eine zuvor zu erfüllende Bedingung (wenn ihr Buße tut, dann ...), vielmehr steht die Ansage des Kommens Gottes begründend am Anfang: denn seine Herrschaft ist genaht. Umkehr bedeutet darum nicht nur ein reumütiges Einkehren in sich selbst, sondern Sich-Öffnen für die Zukunft Gottes; eine Bewegung – nicht rückwärts, sondern nach vorn.

II. Teil

Das Evangelium und die Evangelien

a) Was wir soeben umrißhaft und unvollständig genug gesagt haben, ist den ersten drei Evangelien entnommen, aber nicht eigentlich ihr Inhalt und schon gar nicht der des vierten. Als eine völlig eigenständige theologische Deutung der Geschichte Jesu soll dieses an anderer Stelle in unsere Betrachtung einbezogen werden (s. u. S. 149 ff.). Aber auch die ersten drei – sogenannten synoptischen – Evangelien erzählen nicht einfach eine Geschichte wie andere auch im Ablauf von Raum und Zeit. Deren Grenzen und Maßstäbe sind allenthalben gesprengt. Wenn das von ihnen Berichtete schon Geschichte heißen soll – und dies zu bestreiten, wäre allerdings ein absurder Irrtum –, so erscheint sie doch auf alle Fälle nach unseren Begriffen als eine Geschichte sui generis. Das aber heißt: Von dem »historischen« Jesus führt kein direkter Weg zu der in den Evangelien erzählten Geschichte und vollends nicht zu dem, was die spätere Lehre der Kirche seit dem Neuen Testament von diesem Jesus aussagt.

Wer in den jahrhundertelang unbestrittenen Anschauungen christlicher Tradition groß geworden ist und unkritisch an ihnen festhält, wird sich sträuben, dieser Behauptung zuzustimmen, ja hier überhaupt ein Problem anzuerkennen. Er nimmt die Evangelien unbesehen als historisch zuverlässige Berichte und erklärt das merkwürdige Neben- und Ineinander von Natur und Übernatur in ihnen supranatural aus der Verbindung von Gottheit und Menschheit in der Person Jesu. Ist dies einmal »gläubig« zugestanden, lösen sich alle Rätsel sozusagen höchst »natürlich«: Der ewige Gottessohn, vom Himmel herabgekommen, wunderbar von einer Jungfrau geboren, hat während seiner Erdenzeit durch seine Wunder ungezählte Beweise seiner Göttlichkeit erbracht und ist, vom Tode auferstanden, endlich wunderbar wieder zum Himmel aufgefahren, aus dem er gekommen ist. So geht die Lebensgeschichte Jesu, wie sie die Evangelien erzählen, nach dieser Auffassung bruchlos in die spätere apostolisch-kirchliche Lehre über. Schlimm genug, sagt dieser »Biblizismus«, daß der Unglaube dieses geschlossene Bild in Zweifel gezogen hat und sogar eine gottlose Theologie den Einflüsterungen des Zeitgeistes erlag und ihm Vorschub leistet.

Diese Anschauung ist allerdings seit dem Aufkommen eines von Grund auf gewandelten Welt- und Geschichtsverständnisses unwiderruflich erschüttert. Mit Recht hat darum die historisch-kritische Bibelwissenschaft jene aus dem Weltbild der Antike und des Mittelalters stammende, in der Orthodoxie bis heute zäh verteidigte supranaturalistische Anschauung preisgegeben und sich darum bemüht, die Bande zu lösen, mit denen Jesus »an den Felsen der Kirchenlehre gefesselt war« (A. Schweitzer). Sie hat damit auch der Theologie eine Fülle neuer Erkenntnisse eröffnet, neue Fragen gestellt und Wege gewiesen, aus denen es jedenfalls in Richtung auf die traditionelle Metaphysik des Väterglaubens kein Zurück mehr gibt.

Aber hat sie damit wirklich den Weg freigelegt zu dem in den Evangelien verkündigten Jesus? Diese Frage kann nur mit einem Nein beantwortet werden. Denn, so paradox es klingen mag, auch diese Ära der sogenannten »Leben-Jesu-Theologie« blieb trotz ihres erklärten Gegensatzes zum orthodoxen Biblizismus noch in derselben Blickrichtung wie dieser befangen und glaubte, eine direkte Brücke vom »historischen« zu dem in den Evangelien begegnenden Jesus schlagen zu können. Nach wie vor gelten auch der Leben-Jesu-Forschung die Evangelien primär als eine Darstellung der Vita Jesu, allerdings einer nachträglich in frommer Absicht vergoldeten, von den oft primitiven Anschauungen der Erzähler durchsetzten, hier und da verstümmelten und andernorts phantasievoll angereicherten Lebensgeschichte Jesu.

Es wäre verkehrt, hier das Kind mit dem Bade auszuschütten, als ob nicht wirklich Tendenzen solcher Art reichlich in den Evangelien zu finden wären und die kritische Arbeit jener Forschergeneration, unbeschadet mancher Irrwege, nicht auch Ergebnisse erbracht hätte, die heute kaum noch bestritten werden. Aber ihr Leitbild hat sich als irrig erwiesen, weil man die Quellen Maßstäben und Fragestellungen unterwarf, denen sie sich verweigern. Zwar sind die Evangelisten an Jesu Geschichte durchaus interessiert, aber in völlig anderer Weise und auf alle Fälle nicht nach Art antiker oder moderner Biographen und Historiker. Das wird uns im folgenden noch beschäftigen. Hier muß zunächst die Feststellung genügen: Die einst unbekümmert in die Evangelien eingetragenen Voraussetzungen stimmen nicht. Die mit unermüdlichem Aufwand von scharfsinnigen und phantasievollen Kombinationen gezimmerten Brückenbalken zwischen

dem »historischen« Jesus und der Jesusüberlieferung haben sich als Phantom erwiesen.
Das hat freilich nicht verhindert, daß sich auf dem brüchigen Fundament der in der neueren Evangelienforschung mit Recht ad acta gelegten Leben-Jesu-Theologie eine bis heute überaus öffentlichkeitswirksame Literaturgattung angebaut hat, die mit fast periodischer Regelmäßigkeit ihre Blüten treibt. Ihr jüngstes Machwerk haben wir soeben in Gestalt von Joh. Lehmann, »Jesus-Report. Protokoll einer Verfälschung« (1970) und der ihm vorausgegangenen Sendereihe »Das Geheimnis des Rabbi J.« und einer Artikelserie im »Stern« erlebt. Gemeinsam ist diesen tendenziös antichristlichen Pamphleten ihr Anspruch, der lange genug betrogenen und mit allzu durchsichtigen Absichten von der Kirche und ihren Funktionären in Unkenntnis gehaltenen Öffentlichkeit endlich reinen Wein einzuschenken und sie mit den jeweils neuesten, angeblich wissenschaftlich gesicherten Tatsachen bekannt zu machen, um Überlieferung und Glauben des Christentums definitiv als Schwindel zu entlarven. So auch im Falle des genannten Buches. Grotesk entstellt müssen diesmal die seit 1947 bekannt gewordenen Schriftrollen vom Toten Meer herhalten und beweisen, daß Jesus ein essenischer Jude war und seine Predigt ein Abklatsch der religiösen Lehren der Sekte von Qumran, was freilich schon die neutestamentlichen Schriften und die Lehre der Kirche geflissentlich unkenntlich gemacht haben. Wie sehr solche sich avantgardistisch gebenden Schriften nur Nachzügler in ausgefahrenen Gleisen sind und erwiesene Resultate der theologischen und nichttheologischen Wissenschaft verdrehen, bleibt bei entsprechender Aufmachung den Lesern zumeist verborgen.

b) Das Leitbild einer Vita Jesu, sowohl das orthodox-biblizistische wie das in einer langen Galerie der Jesusbilder in der Leben-Jesu-Theologie entworfene, hat den Zugang zu den Evangelien nicht eröffnet. Diese Erkenntnis wird heute mit Recht von der Forschung kaum noch bestritten und wird sich uns im folgenden bei der Interpretation der Texte bestätigen. Weiter kommen wir allein, wenn wir unter Verzicht auf jenes überholte Leitbild in einer völlig anderen Blickrichtung nach den Evangelien fragen. Sie ist uns schon durch die Bezeichnung »Evangelium« gewiesen. Zwar hat nur einer der Evangelisten (Markus) dieses Wort als Überschrift seinem Buche vorangestellt (1, 1), aber die kirchliche Überlieferung hat recht daran getan, es auch auf die anderen drei zu übertragen, und damit eine wesentliche Verstehenshilfe gegeben.

Die Wahl gerade dieses Begriffes stellt uns jedoch sofort vor einen historisch und sachlich überraschenden Sachverhalt. Denn »Evangelium« meint in der Sprache des Urchristentums nicht eine Evangelienschrift. Längst ehe Evangelien geschrieben wurden, gab es *das Evangelium*, in einem völlig anderen Sinn und von anderer Art. Aller Wahrscheinlichkeit nach stammt das griechische Wort (gute Nachricht, Freudenkunde) aus der frühesten hellenistisch-christlichen Missionssprache und hat hier zum erstenmal einen eindeutig religiösen Sinn und einen bestimmten Inhalt bekommen: die eine Heilsbotschaft von Jesus Christus. In dieser Bedeutung begegnet das Wort schon an die 60 mal in den von Paulus verfaßten oder ihm später zugeschriebenen Briefen, und zwar durchweg als mündliche, jeweils neu zu sagende und zu hörende Kunde. Seinem Wesen nach ist dieses Evangelium schlechterdings nicht pluralisierbar (Gal. 1, 6) und verträgt nur eine nähere Bezeichnung seines Ursprungs (»das Evangelium Gottes«) und eine Bestimmung seines Inhalts (»Evangelium von Jesus Christus«); oft wird es, weil eindeutig und bekannt, von Paulus auch ohne jeden Zusatz gebraucht.

Ebenso wie entsprechende Wendungen (zum Beispiel: das Wort; die Predigt) läßt auch der Ausdruck »Evangelium«, durch lange christliche Tradition klerikalisiert und abgenutzt, für uns heute seine ganz und gar nicht selbstverständliche Bedeutung und sein Gewicht kaum noch erkennen. Ursprünglich meint es nichts geringeres als die Ansage, Proklamation, Vergegenwärtigung eines weltenwendenden Geschehens: der Befreiungstat Gottes in der Sendung, im Tod und in der Auferweckung Christi, die im Glauben ergriffen sein will. Dazu zieht Paulus als berufener »Bote« und »Sklave« Jesu Christi zu den Völkern (Röm. 1; Gal. 1 u. a.).

Diese Botschaft hat gewiß eine bestimmte Geschichte zum Inhalt, nicht ein zeitlos-mythisches Geschehen. Paulus kann das ganze Evangelium in der schroffen Wendung zusammenfassen: »Das Wort vom Kreuz« (1. Kor. 1, 18 ff. u. a.). Doch ist damit nicht das tragische, einst in Jerusalem Jesus widerfahrene Unrecht gemeint, für das Paulus unter seinen Hörern Mitgefühl oder Empörung wecken wollte. Wen hätte das in einer Welt, in der zahllose aufsässige Sklaven und politische Rebellen in gleicher grausamer Weise exekutiert wurden, schon interessiert? Und wie hätte Paulus eine solche Nachricht ausgerechnet mit dem Wort Heils- und Freudenbotschaft firmieren können? Nein, Paulus proklamiert den gekreuzigten Christus, den Gott zum »Herrn« über alle

eingesetzt hat (Phil. 2, 6 ff.), als ein der Welt zu ihrem Heil »vor Augen geschriebenes« Manifest Gottes (Gal. 3, 1), und ruft einen neuen Schöpfungstag aus, dessen Licht im Evangelium aufstrahlt (2. Kor. 4, 4 ff.).
Nirgends aber finden sich Anzeichen dafür, daß in dem paulinischen »Evangelium« die irdische Geschichte Jesu vor seinem Tod und seiner Auferstehung einen wesentlichen Raum gehabt hätte. Nichts verlautet von dem, was die Evangelien berichten: von dem Verkünder der nahenden Gottesherrschaft, von Jesu Dämonenaustreibungen, Krankenheilungen, Streitgesprächen mit Pharisäern und Schriftgelehrten und seinem Umgang mit Zöllnern, Sündern, Ausgestoßenen. Von keinem der Gleichnisse Jesu, nicht einmal vom Vaterunser ist die Rede.
In den Paulusbriefen tritt dieser befremdende, oft beklagte Sachverhalt zwar am deutlichsten zutage. Doch repräsentieren sie mit ihrer Konzentration auf Christi Tod, Auferstehung und Erhöhung und ihrer Ausblendung der irdischen Geschichte Jesu einen frühen Typus der Christusbotschaft, der sich auch in allen späteren, etwa im gleichen Zeitraum wie die Evangelien oder auch nach ihnen verfaßten neutestamentlichen Schriften durchhält.
Seinen gedrängtesten Ausdruck hat dieses »Kerygma« (Predigt) schon in frühester Zeit in knappen Zusammenfassungen christlicher Lehre (zum Beispiel Röm. 1, 3 f.; 1. Kor. 15, 3 ff.; 2. Tim. 2, 8 u. a.), in Bekenntnissätzen (1. Kor. 8, 5 f.; Röm. 10, 8 f.; Apg. 8, 37 u. a.), Hymnen und Liedern (Phil. 2, 6 ff.; Kol. 1, 15 ff.; 1. Tim. 3, 16) gefunden. Sie alle bilden eine Vorstufe zu dem bis heute von der Kirche bekannten Credo. Noch sind die meisten dieser neutestamentlichen Aussagen allerdings frei von

dem Beigeschmack des Nur-Formelhaften und Archaisch-Unverständlichen, der das Verständnis der uns überkommenen Bekenntnisse belastet. Frei überdies von jeglicher Uniformität. Auch nicht zwei solcher Sätze sind wortgleich. In immer neuen Formen und wechselnden Hoheitsnamen, die je nach dem Verstehenshorizont – Herkunft, Sprache und Denkweise – der Redenden und Angeredeten sich wandeln, ruft in ihnen der Glaube das in und durch Jesus geschehene Heil in seiner Gegenwarts- und Zukunftsbezogenheit aus – ihn als den, der gestern und heute derselbe ist, und so auch in Ewigkeit (Hebr. 13, 8).

Ursprünglich sind schon die beiden Worte Jesus-Christus ein Urbekenntnis der frühen Christenheit und nicht ein beliebiger menschlicher Doppelname wie Pontius Pilatius. Es will nach beiden Richtungen gleichgewichtig verstanden werden: Jesus ist der *Christus*, der Bringer des Heils. Aber dieser Hoheitstitel bezeichnet den geschichtlichen Menschen *Jesus* und »ersetzt« ihn also nicht durch eine mythische Gestalt. Die Verbindung und Ineinssetzung von beidem, eines irdisch-menschlichen Namens (Jesus) mit einem göttlichen Hoheitsnamen, der die Grenzen eines geschichtlichen Menschseins und die Schranken eines einmaligen Damals und Dort durchbricht, gehört seitdem zum Wesen der christlichen Botschaft, wie es zugleich seit dem Altertum bis heute Befremden und Widerspruch erregt hat.

c) Die Differenz zwischen diesem eben gekennzeichneten *Evangelium* und den *Evangelien* ist offenkundig. Diese erzählen, in den Passions- und Osterberichten ausmündend, Jesu irdische Geschichte, in jenem verlautet nichts

von ihr. Was dort Ende und Ziel ist, ist hier Anfang, Grund und Inhalt allen Verkündens und Denkens.
Was also haben *das Evangelium* und *die Evangelien* miteinander zu tun? Hat die Überlieferung die ersten vier Bücher des Kanons nicht vielleicht unter eine sachfremde Überschrift gestellt? Es wird sich zeigen, daß sie und schon Markus kein sachgemäßeres und glücklicheres Wort hätten wählen können.
Aber worin besteht der Zusammenhang? Man könnte versucht sein, sich mit folgenden Denkmodellen zu helfen. Etwa so: Ihrer eigentlichen Substanz nach haben die Evangelien, jedenfalls die ersten drei, mit dem Evangelium = Kerygma so gut wie nichts zu tun. Völlig unabhängig von der nachösterlichen Glaubensbotschaft haben sie — zum Glück — doch wenigstens einigermaßen noch das Bild des geschichtlichen Jesus bewahrt und es nur hier und da mit einigen aus dem späteren Credo entnommenen Lichtern und Farben »übermalt« und ausgeschmückt. Oder: Beides gehört zwar von Anfang an eng zusammen, aber hat je seine eigene Funktion. Die Jesusüberlieferung hat selbstverständlich überall und immer die Predigt der Heilsbotschaft (im kerygmatischen Sinn) begleitet und diente von jeher der Missions- und Gemeindepredigt wie den Autoren der nicht-evangelischen Schriften als Anschauungsmaterial, um deutlich zu machen, wer dieser Jesus war, von dem das Kerygma so erstaunliche Dinge aussagt. In den Texten außerhalb der Evangelien habe das nur darum keinen Niederschlag gefunden, weil die Verfasser bei ihren Lesern und Hörern ein gesättigtes, solides Maß von Kenntnissen über den irdischen Jesus voraussetzen konnten; so habe es sich erübrigt, auf sie eigens Bezug zu nehmen.

Aber beide Auskünfte, sosehr sie für den ersten Blick einleuchten mögen, sind Eselsbrücken; sie haben in den Texten selbst keinen zureichenden Anhalt. Zwar ist unser Wissen über die Predigt der Urkirche begrenzt. Mit Sicherheit aber läßt sich sagen, daß diese Annahmen mindestens in dieser pauschalen Form falsch sind.

Dennoch haben unbeschadet aller Unterschiede das Evangelium und die Evangelien einen gemeinsamen Ursprung. Denn auch die Evangelien und alle in ihnen verarbeitete ältere Jesusüberlieferung gründen in der Gewißheit der Auferstehung Christi und sind in aller ihrer Mannigfaltigkeit Manifestationen dieses Glaubens. So widersinnig es zunächst klingen mag, läßt sich auch für die Evangelienüberlieferung darum die Behauptung wagen: Jesu Geschichte beginnt mit ihrem Ende. Für die jüdischen Gegner Jesu und nach dem Urteil der römischen Besatzungsmacht war sein Ende am Kreuz eindeutig die Annullierung seiner Geschichte. Für die Jünger dagegen bedeutete dieses Ende auf Grund der österlichen Erscheinungen des Auferstandenen und der Erfahrungen seiner Gegenwart im Geist einen neuen, durch Gottes Tat gesetzten Anfang in einem letztgültigen, für die Welt heilbringenden Sinn: Gottes Widerspruch zu dem von Menschen über Jesus gefällten Spruch, das Bekenntnis Gottes zu ihm, aber darin zugleich seine unwiderrufliche Zuwendung zur Welt, die ihm ihr Bekenntnis verweigert hatte.

Diese Gewißheit war in der Urgemeinde nicht ein Reservat einiger visionär Begabter oder die unverbindliche theologische Privatmeinung einzelner. Schon die älteste, geradezu protokollarische Aufzählung der Erscheinungen des Auferstandenen (1. Kor. 15, 1–11) mündet aus in der repräsentativ gültigen Behauptung des Paulus: »Es seien nun ich oder jene (die übrigen Apostel), so predigen wir, und so seid ihr zum Glauben gekommen.« Auch die Gegner, denen er in 1. Kor. 15 entgegentreten muß, haben diese Botschaft nicht in Zweifel, sondern nur andere Konsequenzen als der Apostel aus ihr gezogen. Dieser Glaube hat im Urchristentum von früh an einen sehr mannigfaltigen Ausdruck gefunden. Die neutestamentlichen und apokryphen Erzählungen von der Auffindung des leeren Grabes, die Paulus sichtlich noch nicht kannte, sind nur eine und auch in sich nicht einheitliche Tradition unter anderen. Doch stimmen die Aussagen alle ohne Ausnahme darin überein, daß sie Jesu Auferweckung und Erhöhung zum Herrn als ein im Horizont des allgemeinen Weltlaufes unverrechenbares, auch den Jüngern gegen eigenes Begreifen und Zweifeln widerfahrenes Geschehen verstanden. Ohne diesen Glauben wäre auch nicht ein einziges Stück der Jesusüberlieferung denkbar. Ihm sind also nicht nur einige Lichter und Farben entnommen und der Überlieferung aufgesetzt. Vielmehr ist diese auch in ihren Berichten und in allen ihren Formen Christusbekenntnis und Botschaft.

III. Teil

Die synoptischen Evangelien

A. Die Quellen

Die ersten drei Evangelien sind untereinander engstens verwandt. Auf weite Strecken gehen ihre Berichte parallel, an anderen Stellen finden sich Übereinstimmungen mindestens zwischen zweien, darunter besonders augenfällig gemeinsames Gut bei Matthäus und Lukas. Darüber hinaus bieten vor allem die beiden letzteren vielerlei Sonderüberlieferungen. Daraus ergibt sich der sehr verschiedene Umfang der drei Evangelien (Mark. 16, Matth. 28, Luk. 24 Kapitel). Das eigentümliche Wechselverhältnis von Übereinstimmungen und Differenzen kann sich jeder an Hand einer »Synopse« (griech.: Zusammenschau) vor Augen führen, das heißt einer Textausgabe mit Parallelkolumnen (deutsch: C. H. Peisker, Zürcher Evangelien-Synopse, 1970[10]).

Nach anderen, unzureichenden Lösungsversuchen hat heute die vor etwa hundert Jahren sorgfältig begründete sogenannte *Zweiquellentheorie* fast allgemeine Anerkennung gefunden. Sie besagt erstens: Markus ist das älteste Evangelium und in den beiden anderen »Großevangelien« als Hauptquelle zugrunde gelegt und eingearbeitet worden. Und zweitens: Matthäus und Lukas haben über Markus hinaus, wie viele parallel überlieferte Einzelsprüche und Spruchkomplexe zeigen, unabhängig voneinander aus einer zweiten Quelle geschöpft. Da diese beiden gemeinsame Überlieferung außer der Geschichte vom Hauptmann von Kapernaum (Matth. 8, 5 ff.; Luk. 7, 1 ff.) fast ausnahmslos nur Herrenworte bietet – jedoch keine Wundergeschichten, Streitgespräche und vor allem keine Passions- und Osterberichte –, wird diese zweite Quelle (»Q«) in der Forschung allgemein »Spruchquelle« genannt.

a) Für die Priorität des Markusevangeliums (nicht wie früher angenommen des Matthäus!) sprechen die stärksten Gründe: 1. Mit verschwindenden Ausnahmen läßt sich der gesamte Erzählungsstoff des Markus in den beiden anderen, mindestens aber entweder bei Matthäus oder bei Lukas wiedererkennen. 2. Auch die Szenenfolge des Markus hat weitgehend bei den anderen ihre Entsprechung. Zwar nicht überall; aber wo es nicht für alle drei gilt, stimmt wiederum in der Regel einer der Seitenreferenten mit Markus überein, und wo der andere abweicht (Matthäus aufs ganze gesehen häufiger als Lukas), läßt sich dies fast immer aus Gründen der Komposition erklären und ergibt sich zwangsläufig aus der den Evangelisten gestellten Aufgabe, das Markus-Gut mit anderweitiger Überlieferung zu verknüpfen. 3. Schließlich ist auch die weitgehende, wenn auch nicht sklavische Übereinstimmung im Wortlaut ein gewichtiges Indiz.
Mit dieser Erklärung hat die früher und gelegentlich noch heute vertretene Annahme, Markus habe nachträglich aus den beiden Evangelien des Matthäus und Lukas ein Exzerpt bzw. eine Kurzfassung hergestellt, ihre Erledigung gefunden. Sie verbietet sich schon darum, weil

sich dann schlechterdings nicht erklären ließe, warum er gerade diese Auswahl getroffen und eine Fülle kostbaren Überlieferungsgutes aus den anderen Evangelien übergangen haben sollte. Man denke etwa an die lukanische Feldrede (Luk. 6, 20 ff.), die Bergpredigt (Matth. 5–7), viele der Reich-Gottes-Gleichnisse (Matth. 13 u. a.), an das Vaterunser (Matth. 6, 9 ff.; Luk. 11, 2 ff.) und vieles andere. Das gleiche Argument spricht auch gegen die Vermutung, Matthäus habe Lukas schon als Quelle vor sich gehabt oder umgekehrt. Auch hier würde man vergeblich nach einer Erklärung für jeweils gelassene Lücken suchen.
Aus den genannten Gründen ist die erste These der Zweiquellentheorie (Priorität des Markus) gerechterweise nicht mehr als bloße »Hypothese« zu bezeichnen. Sie läßt weitere Fragen, auf die wir uns hier nicht einzulassen brauchen, noch zur Genüge offen, wird aber durch sie nicht in Frage gestellt. Selten genug ist der Historiker wie hier in der glücklichen Lage, eine ältere Quelle noch in einigermaßen vollständiger literarischer Gestalt ständig zur Kontrolle heranziehen zu können.

b) Aus dem reichen Bestand der *Spruchquelle* seien hier nach der zumeist älteren lukanischen Version nur einige Beispiele genannt: die Feldrede Luk. 6, 20 ff., zusammen mit anderem Spruchgut in Matth. 5–7 zur Bergpredigt ausgeweitet; Jesu Rede über Johannes den Täufer Luk. 7, 18 ff. par.; die Aussendungsrede Luk. 10, 2 ff. par.; Jesu Wehe über die unbußfertigen galiläischen Städte und sein Jubelruf Luk. 10, 13 ff. 21 ff. par.; seine Jüngerreden über das Gebet Luk. 11, 2 ff. 9 ff. par.; Bekenntnis und Nachfolge Luk. 12, 2 ff. par.; Sorgen und

Schätzesammeln Luk. 12, 22 ff.; 14, 26 f. par.; dazu nicht wenige Gleichnisse wie das vom großen Abendmahl Luk. 14, 16 ff. par., vom Suchen und Finden des Verlorenen Luk. 15, 1 ff. par. und vieles andere mehr.

Eigenart und Charakter dieser zweiten Quelle sind schwieriger zu bestimmen als die des Markus. Die zahlreichen Matthäus/Lukas-Parallelen berechtigen zwar dazu, mit ihrer Existenz zu rechnen. Aber wie weit hatte sie schon eine literarisch fixierte Gestalt angenommen? Jedenfalls muß sie völlig anderer Art als das Markusevangelium gewesen sein, ja ein diesem vergleichbares Evangelium war Q sicher nicht. Auch zeigt ihre Benutzung im Matthäus- und Lukasevangelium, daß beide Evangelisten mit ihr ungleich freier und unabhängiger umgegangen sind, sowohl was ihren Wortlaut betrifft als besonders auch ihre Anordnung der Jesusüberlieferung.

c) Mit den genannten Quellen Markus und Q ist die synoptische Überlieferung jedoch noch keineswegs erschöpft. Sogar Markus, wenn auch nur in drei Perikopen (4, 26 ff.; 7, 32 ff.; 8, 22 ff.), enthält einiges *Sondergut;* vollends aber Matthäus und am reichhaltigsten Lukas, beide sowohl in den Vor- und Ostergeschichten wie auch in Fülle in den aus Markus übernommenen Rahmen eingefügt. Dafür einige Beispiele: Zum matthäischen Sondergut gehören zahlreiche Gleichnisse Jesu vom Himmelreich (13, 14 ff. 36 ff. 44 ff. 47 ff.; 18, 23 ff.; 20, 1 ff.; 21, 28 ff.; 25, 1 ff. 31 ff.), die Geschichte vom sinkenden Petrus (14, 28 ff.); das berühmte Wort an Petrus als Fels der Kirche (16, 17 ff.) u. a.

Lukanisches Sondergut: Petri Fischzug und Berufung

(5, 1 ff.); Jüngling zu Nain (7, 11 ff.); die Gleichnisse vom unfruchtbaren Feigenbaum (13, 1 ff.); vom unverdrossen bittenden Freund (11, 5 ff.) und vom gottlosen Richter (18, 1 ff.); die Gleichnisse vom verlorenen Groschen und vom verlorenen Sohn (15, 8 ff. 11 ff.), vom ungerechten Haushalter (16, 1 ff.). Die Geschichten von den zehn Aussätzigen (17, 11 ff.) und von Zachäus (19, 1 ff.) sowie die vier Beispielerzählungen vom barmherzigen Samariter (10, 29 ff.), reichen Kornbauern 12, 13 ff.), vom Reichen und dem armen Lazarus (16, 19 ff.) und vom Pharisäer und Zöllner (18, 9 ff.) und viele andere.

Mancherlei Versuche, auch dieses umfängliche kostbare Sondergut bestimmten, mehr oder weniger zusammenhängenden Quellen zuzuweisen, haben bisher zu keinen allseits überzeugenden Ergebnissen geführt. Mit Recht ist die von den meisten Forschern vertretene Literar- und Quellenkritik darum über die Grenze der Zweiquellentheorie nicht hinausgegangen. Sie hat damit der Tatsache Rechnung getragen, daß unabhängig, zum Teil aber auch innerhalb der literarisch fixierten Tradition, ein breiter Strom lebendiger mündlicher Überlieferung weitergeflossen ist.

B. Die älteste Jesusüberlieferung

Die literarkritischen Ergebnisse der älteren Forschung haben aufs ganze gesehen ihre Feuerprobe bestanden. Sie geben bereits einen ersten Einblick in den Entstehungsprozeß der Evangelien. Aber der einst auf diesem Fundament errichtete Bau hat nicht standgehalten, weil man Eigenart, Charakter und Zweck der Überlieferung verkannt hatte. Unbedenklich ordnete man die Evangelien in die Literaturgattung anderer Geschichtswerke des Altertums ein und glaubte durch Rekonstruktion ihrer Quellen Schritt für Schritt einer einigermaßen gesicherten Vita Jesu näherzukommen; selbstverständlich unter gebührender Berücksichtigung der Tatsache, daß die Erzähler keine gelehrten Historiker waren und jede volkstümliche Überlieferung Differenzen mit sich bringt, hier etwas wegläßt, dort etwas hinzudichtet und oft zu legendären Übermalungen neigt. Für alles das lassen sich in der Tat reichlich Belege aus den Evangelien beibringen.

Dennoch reichen diese Forschungs- und Auslegungskriterien bei den Evangelien nicht hin und nicht her. In Wahrheit haben sie, schon die ersten drei und vollends das vierte, in der antiken Literatur nicht ihresgleichen. Weder lassen sie sich den großen Werken griechischer und römischer Historiker (Thukydides, Polybius, Tacitus u. a.) zuordnen noch den etwa zeitgenössischen Biographien bedeutender Männer wie den Kaiserviten des Sueton (ca. 70–140 n. Chr.) oder auch den viel bewunderten Biographienpaaren des Plutarch (ca. 45–125 n. Chr.). Auch die damals schon bekannte literarische Bezeichnung »Memoiren« (der Apostel), die der christliche Schriftsteller und Märtyrer Justin (gestorben um 165) für die Evangelien wählte, trifft für sie nicht zu.

Ein erster Unterschied zu diesen Werken wird schon darin sichtbar, daß die schriftstellerische Individualität der Evangelisten kaum irgendwo hervortritt. Bezeichnenderweise nennt keines der Evangelien selbst den Namen seines Autors. Die uns geläufigen (Matth., Mark.,

Luk., Joh.) gehen sämtlich erst auf die kirchliche Überlieferung des 2. Jahrhunderts zurück. Diese war sichtlich bestrebt, durch die Zurückführung der Evangelien auf einen bekannten Jünger aus dem Kreise der Zwölf (Matthäus, Johannes; apokryphe Evangelien: Petrus, Thomas, Philippus u. a.) oder einen Gehilfen der Apostel (Markus, Lukas) die Zuverlässigkeit der Überlieferung außer Zweifel zu stellen. Am weitesten hat sich von den kanonischen das Lukasevangelium dem Modell antiker Historiographie angenähert (Luk. 1, 1–4), auch in mancherlei Zügen der Schilderung Jesu. Doch sind sie aufs ganze gesehen vereinzelt. Die Jesusüberlieferung selbst hat sich einer solchen Darstellungsweise nicht gefügt. So fällt auch das dritte Evangelium nicht eigentlich aus dem Rahmen der anderen heraus (siehe dazu S. 77 ff.).

Wichtiger ist, daß sich die Evangelisten erstaunlich wenig oder gar nicht für die historische Persönlichkeit ihres »Helden« interessieren, also für das soziale und familiäre Milieu, aus dem er stammt und in dem er heranwuchs, seine Jugendeindrücke, Gaben, Bildung, Entwicklung, seinen Charakter oder gar sein Porträt. Der Verfasser des früher erwähnten »Jesus-Reports« schildert zwar – im wahrsten Sinne des Wortes »haargenau« – das Aussehen des Juden Jesus nach einem obskuren, angeblich von einem Vorgesetzten des Pilatus verfaßten Brief, um bei seinen Lesern den Eindruck gesicherter, von christlicher Überlieferung unverfälschter »Tatsachen« zu erwecken. Aber er verschweigt, daß das fragliche Dokument eine christliche Fälschung aus sehr später Zeit ist (wahrscheinlich erst aus dem 12. Jahrhundert), in der die »fromme« Phantasie das Aussehen Jesu in dem aus zahllosen Kultbildern bekannten Geschmack der Zeit zu schildern versuchte. In der landläufigen Unterweisung werden wir über viele Einzelheiten zwar phantasievoll unterrichtet, jedoch bestätigt das nur den starken Einfluß der herkömmlichen, aber falschen Auffassung der Evangelien als einer normalen Lebensbeschreibung.

Allerdings erfahren wir aus ihnen einiges über Jesu Eltern, sogar seinen Stammbaum (Matth. 1; Luk. 3), sein Handwerk (Mark. 6, 3) und das seines Vaters (Matth. 13, 55), seine Brüder und Schwestern (Mark. 6, 3 u. a.). Aber die Angaben der Evangelien sind spröde und spärlich und verraten ausnahmslos kein biographisches Interesse. Erst die spätere Legende versuchte – zum Teil schon innerhalb der Evangelienüberlieferung (besonders in den Vorgeschichten des Matthäus und Lukas) und wild auswuchernd in den Apokryphen – diesem Mangel aufzuhelfen, aber auch sie allermeist unter ganz anderen Aspekten.

Zu diesen ersten Beobachtungen fügen sich weitere, die wir der neueren Evangelienforschung verdanken und in ihrer Tragweite erst allmählich einzuschätzen gelernt haben, auch wenn sie für den ersten Blick nur formaler Art zu sein scheinen. Gleichwohl ermöglichen sie uns, hinter die Evangelien und ihre Quellen zurückzufragen, und geben einen deutlichen Einblick in die Jesusüberlieferung in ihrem ältesten, mündlichen Stadium. Das klingt nach einem verwegenen, ja aussichtslosen Unterfangen. Ein alter Grundsatz auch der Historikerzunft lautet: Was nicht aktenkundig ist, existiert nicht (quod non est in actis, non est in re). Führt ein solcher Weg nicht zwangsläufig von der soliden Textbasis fort ins Ungewisse, in einen Dschungel unkontrollierbarer Vermutungen? Aber diese Befürchtung ist unbegründet. Denn alles, was hier zu sagen ist, läßt sich an den Texten selbst ablesen, führt darum auf sie zu und nicht von ihnen weg und ist in allem Wesentlichen jedermann auch ohne besonderes wissenschaftliches Rüstzeug – am besten an Hand einer »Synopse« (s. o. S. 35) – zugänglich. Wie so oft bedarf es hier nur der Aufmerksamkeit und der Bereitschaft, sich einiger Beobachtungen bewußt zu werden und über sie nachzudenken. Der Leser soll darum nicht befürchten, in einen Gelehrtendisput hineingezogen zu werden, der ihm gleichgültig sein könnte oder sein eigenes Urteilsvermögen überfordert.

Wir beginnen mit der schlichten, sinnenfälligen Tatsache, daß jedenfalls die synoptische Überlieferung aus lauter in sich geschlossenen Einzelabschnitten mit einem klar markierten Anfang und einem ebenso eindeutig bezeichneten Ende besteht. Jede Szene und Spruchgruppe, oft sogar ein einzelner Spruch steht auf sich selbst und bedarf eigentlich keines vorangehenden und nachfolgenden Zusammenhanges. Kaum je wird auf Früheres oder Späteres verwiesen, und wo es vereinzelt geschieht, heben sich solche Stellen oft wie ein Fremdkörper vom sonstigen Kontext des Berichtes ab. Diese *Autarkie* der »Perikopen« springt unmittelbar in die Augen.

Der Eindruck eines zusammenhängenden Ablaufes der Geschichte Jesu entsteht erst dadurch, daß die Evangelisten mit Hilfe von häufig wiederkehrenden kurzen Zeit- und Ortsangaben (»danach ...«, »als aber Jesus ...«, »am Abend ...«), nicht selten auch mittels stereotyper, knapper Übergangs- und Einleitungssätze die einzelnen Traditionsstücke miteinander verbinden. Einen wirklichen, rekonstruierbaren Geschichtsablauf geben die Texte jedoch nicht her. Dafür sind die chronologischen und topographischen Angaben viel zu spröde, einförmig, ohne Beziehung zum jeweiligen Inhalt der Perikopen und differieren oft von einem Evangelium zum anderen. In Wahrheit bilden sie das sehr bescheidene und erstaunlich frei gehandhabte Instrumentar der Evangelisten oder schon älterer Sammler zur Gruppierung des ihnen vorgegebenen Überlieferungsstoffes. Nicht einmal mit Markus sind die Verfasser der beiden synoptischen »Großevangelien« (Matth./Luk.) anders verfahren, obwohl sein Evangelium ihnen als Quelle vorlag und sie seinem Aufriß weitgehend gefolgt sind. Wo sie verwandtes Überlieferungsgut aus anderer Tradition unterbringen wollten oder es ihnen aus sonstigen Gründen angebracht schien, haben sie den Markus-Zusammenhang bedenkenlos unterbrochen oder aufgegeben.

Natürlich können sich durchaus hier und da glaubwürdige, an eine bestimmte Situation gebundene Erinnerungen in solchen Notizen erhalten haben. Das ist von Fall zu Fall zu fragen, wenn auch selten sicher zu beantworten. Hier geht es allein um die Einsicht, daß den besagten Angaben keine chronistische Absicht zugrunde liegt, sondern eine redaktionelle Bedeutung zukommt. Auslegungen, wie sie besonders früher beliebt waren, die solchen Stellen besondere Betrachtungen widmen und gar aus der zufälligen Abfolge der Szenen auf eine so oder so geartete Seelenstimmung Jesu, seiner Jünger oder Zuhörer auf Grund des soeben Erlebten schließen wollen, geraten dabei regelmäßig in ein zumeist peinlich sentimentales Phantasieren. Der Predigthörer darf darum getrost bei derlei Passagen einen Kir-

chenschlaf einlegen, weil er sicher sein kann, daß von der ihn angehenden Sache des Textes nicht die Rede ist.
Man lernt aus solchen Beobachtungen, zwischen dem Urgestein der Überlieferung und seiner nachträglichen redaktionellen Verarbeitung zu unterscheiden. Das schärft den Blick für das Wesentliche des Textes selbst. Vielerlei historisch-pragmatische Fragen, an deren Lösung frühere Generationen Mühe und Scharfsinn gewandt haben, werden wir nun freilich nicht mehr so direkt wie einst an die Evangelien richten, sie offenlassen, kritischer beantworten und in ihrer Bedeutung geringer einschätzen. Um einige einfache Beispiele herauszugreifen: wo der Berg der Versuchung (Matth. 4 par.), die Szenerie der »Bergpredigt« (Matth. 5, 1), der Berg der Verklärung (Mark. 9 parr.) oder der Aussendung der Jünger durch den Auferstandenen zu allen Völkern (Matth. 28) zu suchen ist, darüber gibt keine Landkarte Auskunft. Alle diese Stellen sind überhaupt nicht als topographisch exakte Ortsbestimmungen gemeint, sondern nennen eine typische Stätte der Offenbarung. Belanglos ist etwa auch die Frage, ob Jesu Salbung am Anfang seiner Passion in dem Jerusalem benachbarten Bethanien stattgefunden hat (Mark. 14; Matth. 26; Joh. 12) oder schon viel früher in Galiläa gelegentlich eines Gastmahles im Hause eines Pharisäers, wie bei Lukas (7, 36 ff.). Dagegen ist nicht belanglos, daß diese Szene hier die Einleitung zu dem Gleichnis von den ungleichen Schuldnern bildet. Oder die Frage nach dem höchsten Gebot: Nur im Lukasevangelium ist sie ebenfalls abweichend von den anderen nicht in den Zyklus der Jerusalemer Streit- und Lehrgespräche Jesu, sondern in einen großen »Reisebericht« (Luk. 9, 51 – 18, 14) eingeordnet. Hier findet die

Frage des Schriftgelehrten in der Erzählung vom barmherzigen Samariter (10, 30 ff.) ihre bündige Antwort. Derlei Beispiele lassen sich beliebig vermehren. Sie zeigen, wie sehr sich das Schwergewicht der Fragen von dem und jenem »passierten« Ereignis mit seinem unverwechselbar einmaligen Damals und Dort und seinen so und nicht anders gesprochenen Worten Jesu verlagert hat auf die Frage: Was wollten und wollen die ältesten Erzähler und ihre späteren Sammler mit diesen Einzeltraditionen aussagen? Allein unter dieser Fragestellung wird man ihnen gerecht. Alles andere verfälscht sie.
Zur Eigenart der aus den Evangelien noch deutlich erkennbaren ältesten mündlichen Überlieferung gehört, daß sie in bestimmten *Formen* und nach festen *Überlieferungsgesetzen* verläuft. Diese Formen sind nicht vom einzelnen Erzähler nach Eigenart, Begabung und Geschmack willkürlich gewählt, sondern überindividuell und ganz von ihrem Inhalt her geprägt, also nicht nur leere Formen und primär nicht unter ästhetisch-künstlerischem Aspekt zu betrachten. Schon die Überlieferung der *Herrenworte* zeigt, daß sich Jesus solcher Formen bedient hat. Eine eigene Struktur haben seine prophetischen Worte, die das Kommen der Gottesherrschaft, die Stunde des Heils ansagen; eine andere seine Weisheitsworte, die pointiert und knapp in höchster Einfachheit ein für allemal Gültiges aussprechen und, ohne schriftgelehrtes Wissen vorauszusetzen, an das unmittelbare Verstehen der Hörer appellieren. Man denke an viele seiner Gleichnisse oder die Sprüche über die Unsinnigkeit und Unnötigkeit der Sorge (Matth. 6, 25 ff. par.) und zahlreiche Sentenzen, die sich ebenso oder ähnlich in jüdischen Spruchsammlungen, aber auch in außerbiblischen

Sprichwörtern finden. Wieder anderer Art sind Jesu Worte über Gottes Gebote und Willen in Streitgesprächen mit seinen jüdischen Gegnern oder in der Form der Antithesen der Bergpredigt (»Ihr habt gehört ..., ich aber sage euch ...«). Alle diese Formen hat die spätere Überlieferung beibehalten, aber auch selbständig weiterentwickelt (vgl. die Unterschiede zwischen der Feldrede Luk. 6 und der Bergpredigt Matth. 5—7).

Zahlreiche Worte Jesu sind nach Art von Anekdoten überliefert, mit einer knappen Situationsschilderung eingeleitet, manchmal auch zu kleinen Dialogen ausgestaltet (griechisch: Apophthegmata). Die erzählerischen Elemente können dabei wie die Gruppierung des Stoffes überhaupt wechseln, nicht dagegen — jedenfalls im Wesentlichen nicht — das Wort Jesu selbst, das die Pointe enthält und zumeist die Szene beschließt.

Eine andere Gruppe der Überlieferung bilden die *Jesusgeschichten*, die seine Heilungen und Wundertaten erzählen. Auch sie sind in der Regel nach festen Gesetzen aufgebaut, die sich ebenso an den Berichten über andere große Wundertäter studieren lassen, insbesondere auch an solchen aus dem heidnisch-hellenistischen Bereich. Typisch ist etwa bei Heilungen die einleitende Schilderung der Not der Kranken, die Erwähnung der Dauer und Auswirkungen ihrer Krankheit, der vergeblichen, kostspieligen Bemühungen der Ärzte, der umgebenden spottenden oder jammernden Volksmenge. Dann aber vor allem das machtvolle Heilungswort des großen Wundertäters, nicht selten in geheimnisvoller, fremder Sprache (»Ephata« Mark. 7, 34; »Talitha kumi« Mark. 5, 41), oft begleitet von einem Heilungsgestus (er nahm ihn bei der Hand; rührte die Zunge des Stummen an;

legte einen Teig aus Erde und Speichel auf die Augen des Blinden). Sodann der Erfolg: Alsbald fährt der Dämon aus, steht der Gelähmte auf, sieht der von Blindheit Geheilte Bäume und Menschen und demonstriert damit die geschehene Wundertat vor der umstehenden Menge, die nun in Erstaunen und Lobpreis ausbricht. Im Wieder- und Weitererzählen solcher Geschichten ist – auch dies oft von einem Evangelium zum anderen und vollends in der späteren Legende zu verfolgen – vielfach die Neigung zu novellistisch-episodischer Ausschmückung zu erkennen: Die einmaligen Umstände werden breiter ausgemalt, die beteiligten Personen bekommen Namen oder auch ein deutliches Profil.

Ein besonderes Feld, auf dem sich die Tendenzen und Gesetze solcher volkstümlichen Überlieferung erkennen lassen, ist die hier nur kurz zu erwähnende *Legende.* Sie spielt auch in der neutestamentlichen Jesusüberlieferung eine – wenn auch nicht beherrschende – Rolle. In unserem modernen vulgären Sprachgebrauch wird die Legende in der Regel summarisch als Produkt der frommen Phantasie dem Geschichtsbericht entgegengestellt. Doch wird man ihr damit nicht gerecht. Sie kann sich durchaus auf historische Tatsachen beziehen. Jesu Geburt, seine Taufe durch Johannes, sein letztes Mahl mit den Jüngern und seine Kreuzigung wird niemand ernstlich bestreiten. Die Frage ist jedoch, mit welchem Interesse, zu welchem Zweck und in welcher Weise erzählt wird. Darauf ist zu antworten: nicht mit historiographischer Tendenz, sondern mit einem besonderen Interesse an der Heiligkeit und vorbildlichen Frömmigkeit bestimmter Gestalten, nicht nur Jesu, auch anderer, wie der in den Vorgeschichten des Matthäus- und Lukasevangeliums auftretenden Frommen (Zacharias und Elisabeth; Maria und Joseph; Simeon und Hanna) oder in der Apostelgeschichte bestimmter Jünger. Dabei wird dann freilich in legendären Einzelzügen oder ganzen Szenen die Grenze des »Historischen« durchbrochen und mit einer großen Variationsbreite von Wunderdingen, Engeln und Himmelszeichen erzählt, oder es werden bestimmte Berichte – wie die über Jesu Taufe und die Stiftung des Herrenmahles – unwillkürlich dem späteren Kultbrauch der Gemeinde angeglichen. Kennzeichnend ist auch die Angleichung der Vorgeschichte des Matthäus an die alttestamentlich-jüdische Moseslegende. Unter solchen Aspekten werden etwa auch die beträchtlichen Abweichungen in der Gethsemane-Szene, der Kreuzigung Jesu sowie der Oster- und Himmelfahrtsberichte verständlich. In einigen Fällen kann man fragen, ob man hier überhaupt noch von Legenden bzw. legendären Einzelzügen reden soll. Schon bestimmte Herrenworte, die von seiner Sendung, seiner Hoheit und seinem Schicksal sprechen, aber auch ganze Geschichten wie Taufe, Versuchung, Petrusbekenntnis, Verklärung, Jesu Einzug in Jerusalem, sein Verhör vor dem Hohen Rat u. a. sind, was immer ihr »historisches« Substrat sein mag, in Wiedergabe und Erzählweise so stark von dem Christus-Glauben der Gemeinde geprägt, daß hier der Ausdruck »Legende« kaum noch zureicht. Im Unterschied zu älteren und schlichteren Überlieferungsstücken, die mehr den Glauben an Jesus wecken sollen, hat dieser Glaube hier noch stärker seinen zusammenfassenden, bekennenden Ausdruck gefunden. Doch sind die Grenzen natürlich fließend.

Von den besonders hervorstechenden Merkmalen

der Jesusüberlieferung seien hier nur drei noch einmal hervorgehoben; sie gehören eng miteinander zusammen. Erstens: ihre *Konzentration auf Jesus.* Keine der einzelnen Szenen wird vom Erzähler wie oft in der Geschichtsschreibung von langer Hand vorbereitet, Nebenpersonen werden unvermittelt eingeführt und verschwinden in der Regel ebenso unvermittelt in dem Dunkel, aus dem sie gekommen sind; keine von ihnen trägt — wie etwa bei Homer — ein stehendes Beiwort. Die neutestamentlichen Berichte zielen auf Jesu Wort und Tat und verkünden, wer er ist, nicht nur, wer er war. Sodann: ihre *Offenheit auf den Angeredeten hin.* Naheliegende neugierige Fragen wie die: Wie reagierte Johannes der Täufer auf Jesu Antwort, die ihm die Täuferjünger ins Gefängnis zurückbrachten (Matth. 11, 2—6 par.)? Wie verhielten sich die drei zur Nachfolge Bereiten, aber ihre Bedingungslosigkeit nicht Ahnenden, als sie Jesu Ruf in seiner Größe und Härte vernahmen (Luk. 9, 57—62)? Hat Petrus, als er Jesus von seinem Leidensweg abbringen wollte, dessen schroffes Satanswort sich alsbald zu Herzen genommen (Mark. 8, 33)? Oder: Was wurde weiter aus dem und jenem Geheilten, aus einzelnen hier oder da auftretenden Jüngern oder Gegnern Jesu? Alle solche Fragen bleiben fast durchweg ohne Antwort. Für das weitere Schicksal etwa des Pilatus, des römischen Hauptmanns unter dem Kreuz oder des Nikodemus hat sich erst die spätere Legende interessiert. Über alle an einer Szene Beteiligten hinweg ist der jeweils durch den Bericht angeredete Hörer und Leser selbst zur Antwort des Glaubens aufgerufen.

Drittens: der *Bezug der Berichte zu Glauben und Leben der Gemeinde.* Kein Stück der Überlieferung ist nur um seiner selbst willen aufbewahrt, etwa weil es interessante zeitgenössische Details enthielt oder der Erzähler der Pflicht zur gewissenhaften Berichterstattung genügen wollte, sondern weil das Berichtete mehr oder weniger vital Leben und Glauben der Gemeinde Jesu anging und angehen sollte. Damit ist keineswegs gesagt, daß all und jedes nur eine nachträgliche Spiegelung und ein Phantasieprodukt späteren Glaubens sei. Eine pauschale Skepsis solcher Art ist durchaus fehl am Platze. Wir haben vielmehr allen Anlaß, dem einfachen und geübten Gedächtnis der ältesten Jüngergeneration, das noch nicht wie das unsere durch Druckerschwärze und Massenmedien mit ihrer alltäglichen Nachrichtenschwemme abgenutzt war, Erhebliches zuzutrauen.

Dennoch haben von Anfang an Glauben und Leben der nachösterlichen Gemeinde auf die Ausformung der Jesusüberlieferung einen nicht zu unterschätzenden Einfluß geübt, und zwar offensichtlich in einem lebendigen Wechselbezug: Die frühe Kirche bedurfte ihrer, um ihres Glaubens an Jesus als den Bringer des Heils gewiß zu werden und zu bleiben, sich in der Auseinandersetzung mit ihrer jüdischen und heidnischen Umwelt zu behaupten, sich bedrohlicher Strömungen in ihrer eigenen Mitte zu erwehren, oder weil sie Weisungen brauchte für ihr praktisches Leben, Hilfe für ihr Gebet, Antworten auf neue, ihr gestellte Fragen und klare Inhalte und Richtlinien für Missionspredigt und Unterweisung. Aber ebenso haben umgekehrt die jeweilige Situation der Gemeinde, ihre hier und da besonderen Traditionen, Anschauungen und Denkweise stark auf die keineswegs uniforme Gestaltung der Jesusüberlieferung eingewirkt und Erfahrungen, Fragen und Erkenntnisse in sie eingebracht. Will man Entstehen und Eigenart der Jesusüberlieferung recht verstehen, so gilt es, diese ihre Verflechtungen mit den Lebensäußerungen, -bedürfnissen und Fragen der Gemeinde als ihren »Sitz im Leben« ständig mitzubedenken.

Wieder sind das nicht bloße Vermutungen. Vielmehr wird das Gesagte durch die ersten drei Evangelien selbst bestätigt. Sie alle tragen die Merkmale der älteren mündlichen Tradition noch unverkennbar an sich. Matthäus hat sein Evangelium, wie noch zu zeigen sein wird, für eine in vieler Hinsicht anders strukturierte Gemeinde geschrieben als Markus vor ihm, und Lukas noch einmal von beiden unterschieden, vom Johannesevangelium ganz zu schweigen. Ein Vergleich zeigt, daß die drei Synoptiker nicht nur verschiedenes Traditionsgut verarbeitet, sondern auch selbständig wieder- und weitergegeben haben. Das ist um so bemerkenswerter, als die beiden Verfasser der Großevangelien, wie wir sahen, das Markusevangelium und eine andere schon mehr oder weniger fixierte Quelle vor sich hatten und sich an ihre Hauptquelle mit einiger Sorgfalt, obschon mit gebotener Freiheit anschlossen. Man ersieht daraus, daß die Abfassung der Evangelien eher den Anfang eines Regulierungsprozesses bedeutet. Die Mannigfaltigkeit der Tradition steht nicht am Ende, sondern am Anfang. Lukas hat das in seiner Weise im Prolog zu seinem Evangelium auch unmißverständlich ausgesprochen (Luk. 1, 1–4). Gleichwohl haben die Evangelisten der ältesten Überlieferung ihre Lebendigkeit und Eigenart nicht einfach genommen, sondern sich weiter in ihr bewegt; anders hätten sie ihre eigene Sache verfälscht. In diesem Sinne gleicht jeder Evangelist, wie es im Matthäusevangelium

schön gesagt ist, als »ein zu einem Jünger des Himmelreiches gewordener Schriftgelehrter, einem Hausherrn, der aus seinem Schatz Neues und Altes hervorholt« (13, 52).
Nach dem bisher Gesagten läßt sich die in den Evangelien gesammelte und verarbeitete Jesusüberlieferung jetzt zusammenfassend charakterisieren: sie ist – ohne Analogie in der antiken Literatur – eine einzigartige Verbindung von Bericht und Bekenntnis, Erzählung von Jesus und Zeugnis der an ihn glaubenden Gemeinde, ja geradezu Bericht *als* Bekenntnis, Glaubensbotschaft *als* Jesuserzählung. Beides unlöslich zu einer Einheit verwoben, weil Jesus für die Urchristenheit nicht eine tragisch am Kreuz geendete Gestalt der Vergangenheit war, sondern kraft seiner Auferstehung der lebendige, gegenwärtige und kommende Herr; als solcher aber nicht eine an seine Stelle getretene mythische Gestalt, sondern nach wie vor Jesus. Wir erinnern uns an das früher über Kerygma und Credo Gesagte: *»Herr* ist Jesus Christus« und »Herr ist *Jesus«* (Phil. 2, 11; 1. Kor. 12, 3). So blieb auch seine einstige Geschichte aktuell und gewann je neue Bedeutung.

C. Typen der Christusbotschaft

Wie ist aus dem Vielerlei der Jesusüberlieferung ein Ganzes geworden? Nach allem, was wir wissen, hat Markus als erster ein Evangelium verfaßt. Aber kleinere Sammlungen, die sich selbständig entwickelten und auch neben und nach ihm ein Sonderdasein führten, muß es schon vor ihm gegeben haben. Sie lassen sich zwar nicht mehr als literarische Quelle sicher ausgrenzen und sind aller Wahrscheinlichkeit nach überhaupt nicht als Größen solcher Art vorzustellen, sondern als verschiedene, voneinander unabhängige Typen der mündlichen Tradition, sozusagen als erste Kristallisationsformen zu denken.

a) Jesu Lehre in Vollmacht (Worte Jesu)

Eine erste Sammlung solcher Art haben wir in Gestalt der *Spruchquelle* kennengelernt. Aus ihr haben Matthäus und Lukas einen beträchtlichen Teil ihrer gemeinsamen Überlieferung geschöpft (s. o. S. 37 f.). Ihr auffallendstes Merkmal ist, daß sie außer der Geschichte vom Hauptmann von Kapernaum (Matth. 8, 5 ff; Luk. 7, 1 ff.) keine Wunder Jesu berichtet, obwohl auch sie von seinen Machttaten weiß (Luk. 10, 13 ff.; 11, 20 ff. 24 ff.) und keine Geschichte seiner Passion bietet, ja nicht einmal einen Hinweis auf diese. Um so reichlicher finden wir in ihr fraglos ältestes, aber auch jüngeres Traditionsgut aus dem Bestand der Worte Jesu: seine vollmächtige Botschaft vom Anbruch der Gottesherrschaft (Matth. 12, 25 ff. 38 ff. 43 ff.) und seinen verheißenden und verpflichtenden Ruf zur Nachfolge (Luk. 9, 57 ff. u. a.) und zu mutigem Bekenntnis (Luk. 12, 2 ff.), selbst wenn darüber die engsten Familienbande zerreißen (Luk. 14, 26 f.). Aufs stärkste wird hier die Stunde der Entscheidung eines neuen endzeitlichen Anfangs ausgerufen, die mit Jesu Kommen angebrochen ist, auch wenn der im alttestamentlichen Gesetz proklamierte Gotteswille nicht in Frage gestellt wird (Matth. 4, 4 ff.). Aber Jesus, der schon in irdischer Gestalt erschienene und dereinst zum Gericht kommende Menschensohn ist mehr als Jona und Salomo (Matth. 12, 41) und steht in schroffem Gegensatz zu »diesem Geschlecht« und der Gesetzesfrömmigkeit der Schriftgelehrten. Ihm als dem »Sohn« ist »alles vom Vater übergeben«, und er offenbart es, wem er will — nicht den Weisen und Klugen, sondern den Unverständigen (Luk. 10, 21 f.).

Hier wird, wie sofort deutlich, nicht ein verwaistes Erbe pietätvoll gehütet, werden auch nicht bloß zeitlos-allgemeine ethische und andere Lebensweisheiten lehrmäßig ausgesprochen. Jesu Wort von einst erklingt lebendiggegenwärtig als Entscheidungs- und Heilsbotschaft durch den Mund seiner bevollmächtigten Boten — noch ohne erkennbare christologische Reflexionen über ihn als den Bringer des Heils, ja auch ohne jeden Bezug auf Jesu Ende am Kreuz. Gleichwohl lebt auch in diesen »Worten« Jesu ein starker Christusglaube. Auch in dem konsequenten Schweigen über sein Todesgeschick hat eine unbeirrbare Ostergewißheit ihren erkennbaren Ausdruck gefunden.

Markus hat die »Spruchquelle« (Q) schwerlich gekannt, wohl aber enthält auch sein Evangelium, wenngleich in geringerem Maße, Redengut ähnlicher Art, hier und da sogar dieselben Herrenworte wie Q und ebenfalls wenigstens ansatzweise zu kleinen Sammlungen zusammengefügt (vergleiche besonders das Gleichniskapitel Mark. 4).

Daß dieser erste Überlieferungstypus der Jesusworte auch nach Abfassung unserer Evangelien noch ein Eigenleben führte, läßt sich aus zahlreichen Zitaten der frühen Kirchenväter ersehen. Vor allem aber haben wir dafür jetzt einen sicheren Beleg in dem 1945 aufgefundenen, vollständig in koptischer Sprache erhaltenen Thomasevangelium (Abfassungszeit: 2. Jahrhundert). In ihm sind 114 Aussprüche Jesu locker wie in Q aneinandergereiht, ausschließlich solche, keine Taten und keine Passions- und Osterberichte, aber alle Sprüche als Worte des Lebendigen, darunter zahlreiche Parallelen zur Spruchquelle. Aber der Sinn der Jesusworte ist hier durchweg eigentümlich verschoben: Jesus selbst figuriert im Thomasevangelium nur noch als himmlischer Offenbarungsmittler ohne alle irdisch-menschlichen Konturen. Als solcher übergibt er dem abgesonderten Kreis seiner Jünger dualistisch-gnostische Lehren und ruft sie aus der fremden, materiellen Welt zur Entsagung, Abkehr und Sammlung für die eine, unvergängliche, jenseitige Welt des Lichtes, aus der sie stammen.

Deutlich zeichnet sich damit im Thomasevangelium eine dem Typus der bloßen Sammlungen von Jesusworten inhärente verfremdende Tendenz ab, auch wenn die formverwandte Spruchquelle davon noch nichts erkennen läßt.

b) Jesu Taten in Vollmacht (Jesusgeschichten)

Einen ganz anderen, in sich selbständigen Typus der Jesusüberlieferung bilden die gerade im Markusevangelium reichlich überlieferten Heilungen, Dämonenaustreibungen und andere Wunder. Wir haben früher festgestellt, daß sie in ihrer Erzählweise vor allem hellenistisch-heidnischen Berichten über Auftreten und Wirken großer Wundermänner eng verwandt sind (s. o. S. 47 f.). Wir haben hier nicht die Historizität solcher Taten im einzelnen zu diskutieren. Daß Jesus über Kräfte, vor allem der Besessenen-Heilung verfügte, die zumal nach zeitgenössischen Anschauungen und Maßstäben nur als schlechterdings wunderbar gelten konnten, wird man nicht bestreiten können. Aber ebenso unverkennbar hat man im frühen Christentum auch vielerlei von anderen Wundermännern erzählte Taten, Einzelmotive und ganze Szenen, auf Jesus übertragen, um ihn als den wahren Helfer zu verkünden. Etwa in dem Sinne: »Such, wer da will, Nothelfer viel, die uns doch nichts erworben; hier ist der Mann, der helfen kann, bei dem nie was verdorben.«

Mancherlei rohes, unbehauenes Gestein aus Erzählgut und Erzählweise der Umwelt ist in den neutestamentlichen Jesusgeschichten unbekümmert stehen gelassen: derbe, ja komische Züge, wie in der Geschichte der verschreckten, in die 2000 Schweine gefahrenen und samt ihnen den Seeabhang hinuntertobenden und versaufenden Dämonen bei Gerasa (Mark. 5, 1–19), oder die unvorstellbare Menge kostbaren Weines bei der Hochzeit zu Kana, die der ahnungslose Festordner mit seiner verschmitzten Sentenz dem Bräutigam bestätigt (Joh. 2, 1 ff.). Auch primitiv magische Elemente (Mark. 5, 28 ff.) und zeitgenössisch-volkstümliche Vorstellungen von personhaften Krankheitsdämonen finden sich reichlich. Man sollte sich abgewöhnen, derlei fremdartige, drastische Züge erbaulich wegpolieren oder naseweis plausibel machen zu wollen, um die »Historie« zu retten. Zunächst einmal haben die Erzähler das schlechterdings Unfaßbare und darin die »Epiphanie« des göttlichen Wundermannes schildern wollen.

Diese Charakteristik erschöpft freilich die neutestamentlichen Wundergeschichten nicht. Ebenso unverkennbar ist in ihnen die Tendenz zur eigentlichen Christusverkündigung, das heißt der Wille, Jesus darzustellen in seiner machtvollen, barmherzigen Zuwendung zu den Geschlagenen, Trauernden, von der Gesellschaft für unrein Erklärten und Ausgestoßenen wie die Aussätzigen oder die von satanischen Mächten Besessenen. Von 17 im Markusevangelium erzählten Wundern Jesu sind bezeichnenderweise 13 exorzistische Taten, abgesehen von Sammelberichten, in denen gerade sie besonders hervorgehoben werden (1, 32 ff.; 3, 7 ff.; 6, 53 ff.). Das Interesse der Erzähler ist also nicht, ihn nur als *einen* Thaumaturgen zu verherrlichen, der mit seinen stupenden Spitzenleistungen andere in den Schatten stellt, sondern ihn als *den* Heiligen Gottes (Mark. 1, 24), *den* Sohn Gottes (Mark. 3, 11) und als den »Stärkeren« zu schildern, der den Starken (Satan) bindet und ihm seine Beute entreißt (Mark. 3, 27).

Dem entspricht der heilszeitliche Horizont, in den diese Berichte wiederholt gerückt werden: In dem »Chorschluß« der Heilung des Taubstummen (Mark. 7, 31 bis 37) bricht die Menge in den Ruf aus: »Er hat alles wohl gemacht; die Tauben macht er hören und die Sprachlosen reden« – in deutlicher Anlehnung an die Schöpfungsgeschichte (1. Mose 1, 31). Dasselbe zeigt sich in der Aufnahme der endzeitlichen Weissagung Jes. 35, 5 f. in Matth. 11, 5. In diesen Zusammenhang gehört auch, daß manche ebenfalls mit Anspielungen an das Gotteslob durchsetzte Geschichten sehr bald, wenn nicht von Anfang an, unbeschadet ihres realen Sinnes eine symbolische Bedeutung haben wie die Sturmstillung (Mark. 4, 35 ff.) und die Blindenheilungen (Mark. 10, 46 ff. u. a., am deutlichsten Joh. 9, 1 ff.). Ferner: daß wir bei einem Vergleich der Texte nicht nur die schon erwähnte Neigung zu novellistischer Ausschmückung (s. o. S. 48) beobachten können, sondern öfter noch die umgekehrte Tendenz, das Einmalig-Episodische zugunsten des ein für allemal Beispielhaften zurückzudrängen und dem Motiv des Glaubens verstärkten Vorrang zu geben (»dein Glaube hat dich gerettet« Mark. 5, 34; vgl. Matth. 15, 28 u. a.). So wird die Einzelgeschichte transparent; aus Geschichten wird eine Geschichte, genauer: die im Glauben verstandene Geschichte Jesu.

Sichtlich haben wir es auch in diesem Typus der Jesusüberlieferung mit einer eigenständigen Form der Christusverkündigung zu tun. Sie zielt auf die Vollmacht Jesu in seinen Taten. Nichts deutet darauf, daß dieser Verkündigungstypus als solcher auf Jesu Leiden und Sterben hin angelegt war. Das gilt gleicherweise für die Einzelstücke, die keinen Hinweis darauf enthalten, wie für kleinere oder größere Sammlungen, wie sie sich etwa in Mark. 4, 35—5, 43 rudimentär, bei Johannes in Gestalt einer eigenen Traditionsquelle mit gesteigert mirakelhaften Zügen (»Zeichenquelle«) erkennen lassen. Ebensowenig ist für die Urform der Wunder Jesu eine enge Beziehung zu seiner Lehre anzunehmen. Bezeichnend ist freilich, daß sie im Prozeß der Überlieferung vielfach in diesen Zusammenhang gerückt worden sind.

Es wäre eine unerlaubte Vergröberung, den hier charakterisierten Typus auf Grund seiner unbestreitbaren Nähe zu antiken Wundergeschichten summarisch als eine heidnische Verfremdung abzustempeln. Aber eine eigentümliche Ambivalenz ist dieser Gattung der Tradition nicht zu bestreiten. Sie konnte sich ebenso in paganisierender Richtung wie umgekehrt zur eigentlichen Christusbotschaft hin entwickeln. So trug sie von früh an verborgen den Keim zur Häresie in sich. Das zeigt bereits der leidenschaftliche Kampf des Paulus mit seinen korinthischen Gegnern, die offensichtlich Christus für eine Kraft-Gottheit nach heidnischer Art hielten und von seinen Aposteln darum entsprechende Demonstrationen göttlicher Macht erwarteten (s. u. S. 118).

c) Jesu Geschick (Passion und Auferstehung)

Noch ist kaum von Jesu Passion und Auferstehung die Rede gewesen, da weder die älteste Überlieferung seiner Worte noch die seiner Taten einen bestimmenden Einfluß des Passionskerygmas erkennen ließ. Dennoch besteht kein Zweifel, daß Jesu Ende die Gemeinde von Anfang an intensiv beschäftigte. Nicht zufällig hat man darum die Einzelperikopen der Passion – nicht sofort auch die Osterberichte – zu einer zusammenhängenden Geschichte zusammengefügt: nach den Synoptikern vom Todesbeschluß des Hohen Rates, Salbung Jesu und Judasverrat über das letzte Mahl am Passa mit den Jüngern, Gethsemane, Gefangennahme, die Verhöre Jesu vor dem Rat und vor Pilatus, Verurteilung, Verspottung bis zu Kreuzigung, Tod und Begräbnis Jesu (Mark. 14/15; Matth. 26/27; Luk. 22/23). In Joh. 18/19 setzt der zusammenhängende Komplex der Szenen zwar erst mit der Gefangennahme ein, aber trotz verschiedener Gestaltung im einzelnen reichen die Übereinstimmungen in allen vier Evangelien hier beträchtlich weiter als irgendwo sonst. Auch der unverhältnismäßig große Umfang der Berichte – wohlgemerkt über die Geschehnisse einer Woche – ist hier wie da auffallend. Er ist wohl verständlich aus der Bedeutung, die gerade das Ende der irdischen Geschichte Jesu für Botschaft und Glauben der Urgemeinde hatte (vgl. o. S. 29 f.).

Keineswegs ist jedoch die Passionsgeschichte nach einer bestimmten Bekenntnis- oder Lehrformel gestaltet und also kein in die Form eines geschichtlichen Berichtes umgegossenes Credo. Das Neue Testament enthält sehr verschiedene knappe Zusammenfassungen des Glaubensinhaltes. Aber keine von ihnen gibt sozusagen *das* theologische Leitthema her für die Evangelien-Passionen. Um einige Beispiele zu nennen: Die in der Formel 1. Kor. 15, 3–5 so gewichtige Wendung »für unsere Sünden« wird in den Passionen nicht thematisch durchgeführt (Ausnahme: das Kelchwort beim Abendmahl Matth. 26, 29), ebensowenig sind die zentralen Motive des (vorpaulinischen) Christushymnus Phil. 2, 6–11 – »Erniedrigung«, »Erhöhung«, »Kyrios« – Leitworte der Passiontexte. Auch die stereotype Gegenüberstellung der Apostelreden: »Ihr habt ihn getötet – Gott hat ihn auferweckt« (Apg. 2, 23 f.; 3, 15 u. ö.) ist viel zu formal, um den Inhalt der Berichte zu erschöpfen. Nicht einmal die drei Jesus in den Mund gelegten Leidensweissagungen (Mark. 8, 31; 9, 31; 10, 33 f.), deren dritte ein ganzes Summarium der Passions- und Ostergeschichte enthält, haben mehr als vereinzelte Nachklänge in Mark. 14/15 hinterlassen (14, 21. 41 parr.). Der gewichtige christologische Grundgedanke vom leidenden und auferstehenden Menschensohn fehlt.

Diese für den unkritischen Leser vielleicht wenig besagenden Feststellungen sind in unserem Zusammenhang nicht unwichtig. Sie bestätigen, daß die Passionstexte sich nicht in ein theologisches Schema pressen lassen. Weithin wird in ihnen erzählt, nichts als erzählt, ohne daß man hinter all und jedem einen tiefsinnigen Gedanken suchen müßte. Dennoch sind auch sie nicht ein »Je-

sus-Report«, sondern von theologischen und christologischen Reflexionen und Motiven durchzogen. Das zeigen die gehäuften Schriftzitate und Anspielungen an Propheten- und Psalmworte schon von Jesu Einzug in Jerusalem und der Tempelreinigung an (Mark. 11) bis zu seinem Sterben. Sie besagen unmißverständlich: In diesem Ende Jesu mit allen seinen Schrecknissen hat sich nicht ein tragisch verworrenes Geschehen abgespielt, sondern Gottes Ratschluß und Wille seine Erfüllung gefunden. So erscheint Jesus hier in allen Szenen in starkem Kontrast zu den vielerlei menschlichen Akteuren, als Gotteslästerer und Staatsfeind von seinen Gegnern verworfen, von seinen eigenen Jüngern verraten, verleugnet, verlassen, aber auch in der Tiefe der Gottverlassenheit (Mark. 15, 34 = Matth. 27, 46) als der wahre »König der Juden« und »Sohn Gottes« (Mark. 14, 60; 15, 39).
Die sehr verschiedenen Worte des Sterbenden in allen vier Evangelien und das in jedem auf seine Weise gezeichnete Bild der Todesstunde bekunden den mannigfaltigen Ausdruck, den das glaubende Verständnis der Sendung Jesu und seiner Geschichte gefunden hat. Sein Ende widerspricht nicht seinem Auftrag; es hat ihm entsprochen.
Auch keiner der Passionsberichte wäre ohne die Ostergewißheit des Glaubens denkbar. Jeder spricht sie auf seine Art aus. Dennoch darf keiner unter das allzu billige Motto gestellt werden: durch Nacht zum Licht (per aspera ad astra). Das zeigt sich schon darin, daß außer der einen, im einzelnen differierenden Erzählung von der Auffindung des leeren Grabes die Osterüberlieferung der Evangelien sich in verschiedensten Richtungen auffächert – ganz anders als die Passionstradition.

Schließlich fällt noch eines auf: die Passionsgeschichte enthält nur verschwindend wenige Bezüge zu Jesu Wundertaten (nur Mark. 15, 31 par.); diese gehören sichtlich einem anderen Zweig der Jesusüberlieferung an. Ebenso lassen sich kaum irgendwelche Aus- und Nachwirkungen der »Worte Jesu« erkennen. Nur Lukas hat einiges wenige in den Passionszusammenhang aufgenommen (22, 24—30). Auch hier wieder heben sich die einzelnen Komplexe der ältesten Überlieferung deutlich gegeneinander ab. Die Passionstradition ist ebenso selbständig gewachsen wie die anderen; die irdische Geschichte Jesu vor seinem Leiden ist in ihr eigentümlich abgeblendet.

D. Markus — Matthäus — Lukas

a) Der Sohn Gottes (Markus)

In Kanon und Gebrauch der Kirche hat seit alters Matthäus den ersten Platz inne. Das *Markusevangelium* führt dagegen ein verborgenes Schattendasein; bezeichnenderweise sind verschwindend wenige Abschnitte aus ihm in die altkirchlichen Sonntagsperikopen aufgenommen. Doch kann seine Bedeutung für die Geschichte des Christentums nicht hoch genug eingeschätzt werden. Über die äußeren Umstände seiner Entstehung wissen wir nicht viel. Ebensowenig wie die anderen Evangelien nennt es seinen Verfasser. Die spätere Überlieferung geht auf eine historisch wertlose Notiz aus dem 2. Jahrhundert zurück, die Markus, einen zeitweiligen Reisebegleiter des Paulus, auch zum Sekretär und Dolmetscher des Petrus gemacht hat und sichtlich dem Evangelium damit indirekt apostolische Autorität sichern wollte. Mit hoher Wahrscheinlichkeit läßt sich vermuten, daß es für Griechen in einer Gemeinde des Ostens (Syrien?) in zeitlicher Nähe zum jüdisch-römischen Krieg um 70 n. Chr. verfaßt worden ist.

Erstmalig erscheint in ihm die zuvor mündliche Jesusüberlieferung in Gestalt eines Buches – historisch ein Ereignis von außerordentlicher Tragweite. Doch darf das nicht sofort moderne Assoziationen wecken. Markus wollte sicher mit seinem Werk nicht eine sensationelle Neuheit auf den Markt bringen, sondern wie andere vor und nach ihm die verstreut umgehende mündliche Jesusüberlieferung sammeln und festhalten, aber damit zugleich wie die Prediger des frühen hellenistischen Christentums seit seinen Anfängen die Heilsbotschaft von dem Gekreuzigten und Auferstandenen zu Gehör bringen. Daß er sein Werk so verstanden wissen wollte, spricht gleich der erste Satz aus, als Überschrift des ganzen: *Das Evangelium von Jesus Christus* (1, 1). Hier und auch an anderen Stellen (8, 35; 10, 29; 13, 10) meint »Evangelium« wie bei Paulus: Heilsbotschaft, Anrede mit jenem einen, unvertauschbaren Inhalt (s. o. S. 28 ff.), also nicht eine neue Literaturgattung.

Neu ist jedoch, daß in dieses eine Evangelium die Geschichte des irdischen Jesus vor Karfreitag und Ostern einbezogen ist. Es wäre falsch, diesen Prozeß nur als eine stoffliche Ausweitung und »historische« Auffüllung des überkommenen, auf Kreuz und Auferstehung reduzierten Kerygma zu verstehen und damit als eine unsachgemäße Übertragung des geprägten Begriffes auf Überlieferungsstoffe, die ihm im Grunde völlig fremd sind. Vielmehr gibt der Evangelist der in sehr verschiedenen Typen ausgeprägten Überlieferung bewußt und konsequent eine entschlossene Ausrichtung auf das Kerygma vom Gekreuzigten-Auferstandenen, aber er verankert dieses zugleich fest in der Geschichte des irdischen Jesus. Seine Geschichte ist Markus allerdings wichtig und bedeutsam. Sie hat ihre bestimmten Schauplätze und Zeiträume: Galiläa als erste Etappe seines Wirkens, in Einzelszenen ausgedehnt auf Phönizien, Caesarea Philippi am Hermongebirge und das Zehn-Städte-Land östlich vom See und Jordan (1–8); als spätere Etappe Judäa und Jerusalem (11–13) und daselbst sein Ende (14 f. 16). Aber schon diese geographischen Räume haben eine tiefere Bedeutung und markieren eine erste Zeit, in der Jesus fern von dem Zentrum des offiziellen Judentums im verachteten Heidengau in Vollmacht lehrt und wirkt und damit – wenn auch unter Anfeindung und eigentümlich verhüllt – das Licht der Heilszeit aufstrahlt. Dann offen und nicht mehr verhüllt nach verschärften Konflikten das Ende des Christus. So wird, wenn auch nur in groben Umrissen, ein realer Geschichtsablauf sichtbar, aber in ihm ein Geschehen von letzten, endzeitlichen Dimensionen.

Die theologischen Grundgedanken des Markus lassen sich ebenso wie die der anderen Synoptiker aus der Art und Weise erkennen, wie sie die ihnen vorliegenden Traditionen verarbeitet haben. Im Zuge der Herauskristallisierung ihrer ursprünglichen kleinen Einheiten und Formen ist zwangsläufig der Prozeß ihrer späteren »Redaktion« in Front gegen die Leben-Jesu-Forschung zunächst stark abgewertet worden. Wie wir sahen, nicht ohne Grund. Die synoptischen Evangelisten galten zunächst als bloße Sammler, die weithin gleichförmig, hier und da auch verschieden, ihren Stoff mit sehr bescheidenen handwerklichen Mitteln arrangierten. Doch hat sich inzwischen gezeigt, daß auch die ersten drei Evangelien von einer profilierten, je eigenen Theologie geprägt sind, die in der Auswahl und Komposition des Stoffes, in Wortwahl und charakteristischer Akzentsetzung oder auch in frei gestalteten Sprüchen und Übergangsstücken ihren Ausdruck gefunden hat. Am sichersten lassen sich diese Erkenntnisse selbstverständlich da gewinnen, wo wir Texte, also Matthäus und Lukas mit Markus oder die Großevangelien, soweit sie Q-Überlieferung bieten, vergleichen können. Doch läßt sich auch für den ältesten Evangelisten – wie für jede Art von Traditionssammlung vor ihm – mit Sicherheit behaupten, daß seine Wiedergabe der Überlieferung mehr oder weniger zugleich eine vergegenwärtigende Auslegung ist.

Für Markus ist in besonderer Weise charakteristisch und bedeutsam, daß er nach dem programmatischen Eingang seines Evangeliums (1, 1–15) und der Berufung der ersten Jünger (1, 16–20) in Kapitel 1–8 (bis 8, 26) Lehre und Taten Jesu aufs engste einander zuordnet, beides gleicherweise verstanden als Manifestationen seiner »Vollmacht« (1, 21–28). Traditionsstücke mehr der einen und solche der anderen Art wechseln ab. Viele von ihnen sind überdies so gestaltet, daß sie beidem, Lehre und Taten, zuzurechnen sind. Das zeigt besonders deutlich die stilgerecht erzählte Heilung des Gelähmten (2, 1–12), in die ein ebenso stilgerechter Disput Jesu mit den Schriftgelehrten über seine Vollmacht, Sünden zu vergeben (V. 6–10 a), eingewoben ist, so daß Jesu Wort und Tat einander bestätigen. Desgleichen sind die von Markus (3, 1–5) und in anderen Evangelien erzählten, in den Augen der Juden blasphemischen Sabbatheilungen

Jesu (vgl. Luk. 13, 10 ff.; 14, 1 ff.; Joh. 5, 9 ff.; 9, 16 ff.) Erweise seiner Macht in Tat und Lehre. Beides gehört zusammen: »Was ist das? Eine neue Lehre in Vollmacht! Und den unreinen Geistern gebietet er, und sie gehorchen ihm« (1, 27).

Damit sind zwei urspründlich verschiedene, im Urchristentum weithin unabhängige, in jeweils eigenen Formen und Gesetzen entwickelte Ausprägungen der Jesusbotschaft miteinander bewußt verflochten. Beides bringt der Evangelist damit zur vollen Geltung: Jesus selbst mit seiner Predigt vom Reich als den Freudenboten (1, 14 f.), vollmächtig in seiner Lehre wider alle verkrustete jüdische Gesetzesfrömmigkeit, der den Sündern sich zugesellt und sie – nicht die Gerechten – zur Freude der Umkehr ruft (2, 13 ff.). »Neuer Wein in neuen Schläuchen« (2, 22). Aber ebenso Jesus als den Bezwinger der satanischen Gewalten und grauenhaften Krankheitsmächte.

Auch der Wunderüberlieferung hat Markus in seinem Evangelium breiten Raum gegeben, und zwar sicher nicht mit Verdruß in Ermangelung eines besseren Stoffs. Selbstverständlich war sie auch für ihn als Kind seiner Zeit prall voll Realität und hatte eine kerygmatische Aussagekraft, die für uns vielleicht unvorstellbar ist. Auch waren die Taten Jesu für einen Christen nicht mehr pure Mirakel eines beliebigen Wundermannes, sondern hatten gleichsam ihre erste Taufe längst vor Markus erhalten. Doch war, wie wir sahen, ihr ursprüngliches Ziel, ungebrochen und unmittelbar die Epiphanie des göttlichen Wundermannes Jesus zu proklamieren. Hier aber hat der Evangelist kräftig, nicht selten gewaltsam, in die Überlieferung eingegriffen und ihr in Wendungen, die oft den Zusammenhang durchbrechen und unverkenn-

bar seine Hand verraten, Gedanken und Motive aufgeprägt, welche ihr von Hause aus fremd waren und einen auf das Passionskerygma begründeten Glauben bekunden. Von hier aus will das charakteristisch markinische theologische Motiv des »Messiasgeheimnisses« verstanden werden, das das ganze Evangelium durchzieht. Es besagt: Erst in Kreuz und Auferstehung wird der Sinn der Messianität Jesu oder – richtiger nach Markus – seiner Gottessohnschaft offenbar (8, 31 ff.; 9, 9). Ihn anders, unter Überspringung seines Endes verkündigen, hieße die Heilsbotschaft verfälschen. Dem hat Markus durch bestimmte redaktionelle, retardierende Stilmittel Ausdruck gegeben: durch die wiederholten Schweigegebote an die Dämonen, die bereits sein wahres Wesen erkennen und den vernichtenden Gegner wittern (1, 34; 3, 12 u. ö.), an Geheilte (1,44; 5, 43; 7, 26) und an seine Jünger (8, 30; 9, 9). Aber auch seine Reichsbotschaft trägt dieses Geheimnis in sich und wird nur im Blick auf sein Ende von den Glaubenden recht verstanden. Das meint der seltsame Gedanke, daß Jesu Gleichnisse nicht das Verständnis seiner Predigt erschließen, sondern gerade verschließen und »die draußen« verstocken sollten (»Parabeltheorie«; 4, 10–12).
Der Gekreuzigte-Auferstandene ist der *Gottessohn!* Von allen Hoheitsnamen im Markusevangelium spricht dieser Titel am klarsten und gewichtigsten sein Christusverständnis aus. Andere, wie Messias (Christos), Davidssohn, der Heilige Gottes, treten dahinter zurück. Von großer Bedeutung ist zwar auch die apokalyptische Würdebezeichnung »Menschensohn«, aber sie weist – immer in Selbstaussagen Jesu – mehr auf das vielfältige Geheimnis seiner Hoheit schon in seiner irdischen Gestalt

(2, 10. 28), in seinem Leiden und Auferstehen (8, 31; 9,9; 10, 33. 45) und in seiner künftigen Funktion als Weltrichter (8, 38; 13, 26; 14, 62). Dagegen begegnet *der Sohn* an andersgearteten Stellen, die mit dem klaren, zusammenfassenden Bekenntnis des Glaubens im Zusammenhang stehen.

Die wichtigsten Aussagen dieser Art stehen an besonders hervorgehobenen Stellen am Anfang, in der Mitte und am Ende des Evangeliums, jede von ihnen von überirdisch-kosmischen Zeichen begleitet: in der Tauf- und Verklärungsgeschichte, wo eine Stimme vom Himmel selbst Jesus als Gottes geliebten Sohn proklamiert (1, 11; 9, 7), und in dem Bekenntnis des Hauptmanns zu dem Gekreuzigten (15, 39). Indirekt gehören in diesen Zusammenhang aber auch die Stimmen seiner Gegner: der Aufschrei der aufgestörten Dämonen (3, 11 f.; 5, 7) ebenso wie die Frage des Hohenpriesters im Verhör, die der angebliche Gotteslästerer vor ihm mit einem eindeutigen Ja beantwortet (14, 61 f.). Nirgends findet sich an diesen Stellen eine Spekulation über die supranaturale Geburt Jesu; sie alle sprechen eindeutig seine göttliche Sendung und den Sinn seines Weges und Wirkens aus bis zu seinem Ende.

Welche Bedeutung aber haben Kreuz und Auferstehung für die Gottesohnschaft Jesu im Markusevangelium? Will das ständig vorausweisende »Gottessohn-Geheimnis« sagen: Noch nicht der Irdische, erst der Erhöhte ist der Gottessohn? Diese Konzeption liegt tatsächlich bestimmten Ausprägungen des Christusglaubens der Frühzeit zugrunde und hat nach Jesu Auferstehung zweifellos weithin einen schwärmerischen Enthusiasmus geweckt, der aus der Überzeugung lebte: Die

Schwelle der Äonen ist überschritten; die Geschichte des irdischen Jesus ist abgetan, sein Kreuz annulliert; wir leben bereits im Reiche Gottes. Doch ist die Tendenz dieses Evangelisten gerade die umgekehrte. Nicht daß er die endzeitliche Gewißheit überhaupt preisgäbe, ohne die das ganze Urchristentum undenkbar ist. Wohl aber verkündet sein Evangelium den Anbruch des Eschaton schon *in* der Geschichte des irdischen Jesus. Mit der Kraft des Geistes ausgerüstet, hat der Sohn Gottes in Vollmacht gelehrt und die Dämonen bezwungen. Und doch ist er als solcher nur von seinem Ende am Kreuz her zu erkennen. Da hat seine Sendung sich erfüllt, nicht sich dienen zu lassen, sondern zu dienen und sein Leben zu opfern für alle (10, 45). Auferstehung heißt darum nicht: Er ist aus seiner irdischen Geschichte in ein mythisches Jenseits entwichen; sein Tod am Kreuz ist aufgehoben, ungültig gemacht. Vielmehr ist sein geschichtliches Ende, aber auch sein ganzes irdisches Wirken nun erst eigentlich in Kraft gesetzt als der große, endzeitliche Kampf zwischen Gott und Satan (1, 12 f.), ausgetragen und angebrochen in Jesu Weg und Werk und vollendet in seiner noch ausstehenden Ankunft in Herrlichkeit (8, 38 u. a.).
Der Evangelist verkündigt damit die Geschichte Jesu als eschatologisches Geschehen, seine Geschichte als Eschaton, aber ebenso das Eschaton als Geschichte. Dem Passionsgeschehen läßt er darum die große apokalyptische Rede Jesu unmittelbar vorangehen (Kapitel 13). Er hat damit zugleich die Kirche gelehrt, was die ihr zugemessene Erdenzeit bedeutet.
Das wird in anderer Weise auch in der sorgfältig durchgegliederten Jüngerbelehrung zwischen Petrusbekenntnis und Einzug in Jerusalem deutlich (8, 27—10, 52). Sie

gehört zu den nicht wenigen Abschnitten, in denen Jesu Passion von rückwärts her immer tiefer in die Darstellung seines irdischen Wirkens vorgeschoben wird und in zahlreichen Vorverweisen immer neue Signale gesetzt werden (2, 19 f.; 3, 6 u. a.). Zugleich aber wird in der dreimaligen Verbindung von Leidensweissagungen und Jüngersprüchen der Kirche ein für allemal gesagt, was Nachfolge heißt: Bereitschaft zu Leiden und Dienst (8, 31 f. 34 ff.; 9, 31 f. 33 ff.; 10, 32 ff. 35 ff.). Ihr eigener Weg steht bis zum Kommen des »Menschensohnes in Herrlichkeit« (8, 38) hart und verheißungsvoll unter dem Zeichen seines eigenen irdischen Weges.

Geschichte und Endgeschichte, Vollmacht und Kreuz, Gottes Erscheinen und Verborgenheit sind in diesem ersten Evangelium höchst spannungsvoll — gleichsam kontrapunktisch — einander zugeordnet. Mit Recht hat man Markus darum »das Buch der geheimen Epiphanien« genannt (M. Dibelius).

b) Der Lehrer der Kirche (Matthäus)

Der erstmals von Markus unternommene Versuch, die breit gestreute, verschiedenartige Jesusüberlieferung zusammenzufassen, zu ordnen, vergegenwärtigend zu interpretieren und ihr in Buchform feste Gestalt zu geben, hat schnell Schule gemacht. Das zeigt das ein bis zwei Jahrzehnte später ebenfalls griechisch abgefaßte *Matthäusevangelium.* In ihm ist das Markusevangelium fast vollständig aufgenommen, aber selbständig verarbeitet, durch anderes Traditionsgut (Q, Sondergut) aufgefüllt und in meisterhaft klarer, einprägsamer Disposition gegliedert. Alles das macht sein hohes Ansehen in der Geschichte der Kirche wohl verständlich, zumal man dieses

Evangelium seit der ersten Hälfte des 2. Jahrhunderts (fälschlich) für ein Werk des von Jesus selbst zum Jünger berufenen ehemaligen Zöllners Matthäus hielt (9, 9; 10, 3) und damit für das älteste aller Evangelien.

Aus seiner Abhängigkeit von Markus, seiner scharfen Frontstellung gegen die nach der Zerstörung Jerusalems (70 n. Chr.) zu unbestrittenen Führern des Judentums gewordenen Pharisäer, aus der schon fortgeschrittenen Konsolidierung der Kirche, der der Evangelist zugehört und für die er schreibt, sowie aus der Theologie seines Werkes lassen sich die Achtziger-, Neunzigerjahre als seine Entstehungszeit und das palästinisch-syrische Grenzgebiet als seine Heimat erschließen. Deutlich spiegelt sich in ihm nicht nur der schroffe Gegensatz zwischen Judentum und Christentum wider, sondern auch ein innerkirchlicher Kampf zwischen einer noch streng gesetzesgebundenen judenchristlichen und einer enthusiastisch bewegten heidenchristlichen Richtung.

Damit ist bereits das erregende Spannungsfeld bezeichnet, das im Matthäusevangelium allenthalben sichtbar wird. Auf der einen Seite ist sein unversöhnlicher Gegner das heuchlerische, gesetzesstarre pharisäische Judentum; es hat den wahren Gotteswillen, die vollkommene Gerechtigkeit (5, 20), die Verwirklichung der barmherzigen Liebe gegenüber dem Bruder durch Menschenüberlieferungen und rituelle Tüfteleien außer Kraft gesetzt und seinen verheißenen Messias verworfen. Auf der anderen Seite aber gilt der Kampf des Matthäus nicht minder schroff den Schwärmern in der Kirche. Für sie war mit dem Kommen Jesu die Ära von »Gesetz und Propheten« schlechthin abgetan (5, 17 ff.), und Jesus galt nur als der Kyrios, in dessen Namen die von seinem Geist Inspirierten weissagten, Dämonen austrieben und viele Wundertaten vollbrachten (7, 22). In Front gegen diese »falschen Propheten« (7, 15 ff.) proklamiert der Evangelist unter Aufnahme einer sicher nicht von Jesus selbst formulierten, radikal judenchristlichen Tradition die bleibende Verbindlichkeit des Gesetzes bis zum letzten I-Tüpfelchen (5, 18 f.) und kündigt die Verwerfung dieser Herr-Herr-Sager im Weltgericht an, weil sie den Willen Gottes nicht getan haben (7, 21 ff.).

Trotz 5, 17—19 ist Matthäus freilich alles andere eher als nur ein sturer Vertreter einer am Buchstaben klebenden Gesetzesobservanz. Denn Jesus hat den eigentlichen, letztlich auf die bedingungslose, auch den Feind einschließende Liebe abzielenden Willen Gottes vollmächtig zur Geltung gebracht und nicht nur gelehrt, sondern gelebt und verwirklicht. So hat er sich in unbedingtem Gehorsam, nicht durch Magie und Machtdemonstrationen, als der verheißene und erwählte Sohn Gottes (4, 1—11) erwiesen.

Auch andere messianische Hoheitsnamen begegnen im Matthäusevangelium in Fülle (Immanuel, König, Davids Sohn, Menschensohn, Herr, Gottesknecht), aber nicht eigentlich unter Ausspinnung jüdischer Messianologie, vielmehr wird Jesu Hoheit sichtbar in seiner Lehre, seinen Taten, seinem Verhalten und Schicksal, in denen Zug um Zug sich die Schrift erfüllt hat. Das bringt die im Matthäusevangelium gegenüber Markus beträchtlich ausgeweitete Tradition lehrhaft zur Darstellung.

Dieser lehrhafte Zug prägt das ganze Evangelium. Formen des jüdischen Schulbetriebes, die auch in den Synagogen der zeitgenössischen Diaspora üblich waren, haben sich in seinem Buch reichlich erhalten. Jesus selbst erscheint in ihm vornehmlich als Lehrer. Seine Worte sind zu großen »Reden« (in Wahrheit Spruchsammlungen) zusammengestellt und als deutlich markierte Komplexe in den Markusaufriß eingefügt: Bergpredigt (5 bis 7); Aussendungsrede (10); Reich-Gottes-Gleichnisse (13); Gemeindeordnung (18); Pharisäerrede (23); eschatologische Rede und Gleichnisse (24/25).

Auch Jesu Wundertaten hat der Evangelist konsequent zu Lehrstücken und Dialogen umstilisiert und sie unter Verzicht auf erzählerische Details gestrafft. An der Gestaltung des matthäischen Legendenstoffes (s. o. S. 48 f.) läßt sich das gleiche erkennen.

Wie Jesus der alleinige *Lehrer der Kirche* ist (23, 8), so werden die ihm Nachfolgenden, an die alle seine »Reden« sich wenden, durchweg mit dem einen Wort »Jünger«, das heißt Schüler, bezeichnet – der einzige ekklesiologische Terminus, den Matthäus verwendet. Darin spricht sich aus, was die Gemeinde mit dem Judentum verbindet, aber zugleich von ihm scheidet. Denn von diesem »Rabbi« gilt, was von keinem jüdischen, aber auch keinem christlichen Lehrer gesagt werden kann: er ist gekommen, Gesetz und Propheten zu »erfüllen« (5, 17), im Gegensatz zu Pharisäern und Schriftgelehrten als einer, der »Vollmacht« hat (7, 29). Seine Lehre steht darum in radikaler Antithese zu dem, was zu den »Alten« gesagt ward (»Ich aber sage euch ...«; vgl. 5, 21–48). Im Unterschied zu jeglicher Art von Schülerschaft im Schulbetrieb der Rabbinen und griechischer Philosophen, wo jeder eines Tages ausgelernt hat, hören Jesu Jünger nie auf, seine Schüler zu sein. Wie sehr das Verständnis der Kirche bei Matthäus von diesem Gedanken geprägt ist, zeigt am deutlichsten der Auftrag des Auferstandenen an seine Sendboten am Schluß des Evangeliums: alle Völker zu seinen »Jüngern« zu machen (28, 19).

Zum ersten und einzigen Mal in den Evangelien begegnet im Matthäusevangelium das Wort Ekklesia (Gemeinde), das im griechischen Alten Testament Israel als das Volk und Aufgebot Gottes bezeichnet, hier aber – an Petrus gerichtet – mit einem neuen Inhalt gefüllt ist: »Du bist Petrus (Felsenmann), und auf diesen Felsen werde ich *meine* Kirche bauen, und die Pforten des Totenreiches (die endzeitlichen Verderbensmächte) werden sie nicht überwältigen« (16, 18). Die Gemeinde hat dieses Wort dem irdischen Jesus in den Mund gelegt. Es weist in die Zukunft nach Jesu Tod und Auferstehung. Doch wird diese Zeit als eine irdisch-geschichtliche von Weltgericht und Himmelreich unterschieden. Für sie wird Petrus, der erste der Jünger und ihr Sprecher, als Bürge und Verwalter von Jesu Lehre mit Lehr- und Disziplinargewalt betraut (in jüdischer Schulsprache: »Binden und Lösen«), freilich ohne sie nur an seine Person oder gar einen einzelnen Amtsnachfolger zu binden. Nach Matth. 18 ist dieselbe Vollmacht der Gemeinde als ganzer verliehen (vgl. auch Joh. 20, 23).

Es ist hier nicht der Ort, über die außerordentlichen Nachwirkungen dieses Spruches in der Geschichte zu sprechen. Für das Verständnis des Matthäusevangeliums ist vor allem wichtig, daß hier von der »Kirche« in einem umfassenden Sinn geredet wird, nicht mehr lokal begrenzt nach Art einer jüdischen Synagogengemeinde und nicht wie diese auf Mosegesetz, Beschneidung, Riten begründet und dem Tempel in Jerusalem zugeordnet.

Was sie eint, ist die ihr zugesagte Gegenwart des Herrn, dem alle Macht im Himmel und auf Erden gegeben ist bis zur Vollendung der Welt. Aber wie ist er gegenwärtig? Hier schieden sich in der Kirche des Matthäus die Geister. In deutlicher Abwehr einer pneumatischen Vollendungstrunkenheit, die Zeit und Geschichte überspielt, verweist der auferstandene Herr der Kirche auf die Lehre des *Irdischen* zurück (»und lehret sie halten alles, was ich euch geboten *habe*« 28, 20). Damit wird der Jüngerschaft ein für allemal die Illusion zerschlagen, ihr Weg sei vollendet, das Ziel schon erreicht. Die Heilszusage an die Jünger ist dadurch in keiner Weise gemindert. Die Seligpreisungen gehen allen Geboten Jesu voran (5, 3 ff.). Sein vollbrachtes, barmherziges Wirken als Hirte der zerschundenen Herde (9, 36), als Licht der im Schatten des Todes Wohnenden (4, 15 f.), als Gottesknecht, der die Gebrechen der Leidenden auf sich nahm (8, 17; 12, 18 ff.) und die Geringsten seine Brüder nennt (25, 31 ff.), behält den ersten Platz. Aber durch ihn in Bewegung gebracht, bleiben die Jünger nicht nur zum Hören, sondern zum Tun aufgerufen (7, 24 ff.). Das Gericht, die Scheidung zwischen Gerechten und Ungerechten, steht auch der Kirche noch bevor (13, 36 ff. 47 ff. u. a.). Denn »viele sind berufen, wenige aber auserwählt« (22, 14). Jede der genannten, an die Jünger gerichteten »Reden« des Matthäusevangeliums mündet in diesem Sinn eschatologisch aus.
Aus diesen Hinweisen wird sichtbar, wie sehr auch dieser Evangelist, bedingt durch Überlieferungen und Situation, die Botschaft von Jesus bewahrt und zugleich vergegenwärtigt.

c) Der Heiland der Welt (Lukas)

Das dritte, dem Paulusbegleiter *Lukas* zugeschriebene Evangelium bildet zusammen mit der Apostelgeschichte ein großes zweiteiliges Geschichtswerk. In ihm wird Jesu Erdenwirken, hier zum erstenmal mit seiner Himmelfahrt abgeschlossen (Luk. 24; Apg. 1), in einer Darstellung der Ausbreitung des Christentums über das römische Imperium unter der Kraft seines Geistes fortgeführt; es endet mit der Predigt des Paulus in der Reichshauptstadt (Apg. 28). Der Entstehungsort des Werkes ist unbekannt; wahrscheinlich ist es in den Neunzigerjahren des 1. Jahrhunderts verfaßt.

Die Ausweitung des behandelten Zeitraumes zeigt bereits den Abstand, aus dem der Verfasser Jesu Geschichte sieht, bekundet aber zugleich sein Interesse an einem kontinuierlichen, bis in die Gegenwart der Kirche reichenden Ablauf der Geschichte. Beides, Abstand und Fortgang, beschäftigen den Autor in einer Weise, die den anderen Evangelisten noch fremd ist, obwohl die Abfassungszeit ihrer Werke relativ dicht beieinander liegt. Auch Lukas ist in seiner Weise Theologe, er aber schreibt mit einem ebenso deutlichen historischen Interesse. Das spricht, wie schon erwähnt, gleich die in der gepflegten schriftstellerischen Manier anderer antiker Werke stilisierte Widmung aus, die sein Evangelium einleitet (1, 1–4; vgl. Apg. 1, 1 f.). Sie nimmt auf die Darstellungsversuche von Vorgängern Bezug, nennt die Gewährsmänner der Überlieferung, aber betont ebenso nachdrücklich, was der Autor besser machen will: Er ist noch einmal allem bis zu den Anfängen »genau nachgegangen« und will es jetzt in der richtigen »Reihenfolge« darbieten. Sein Grundsatz ist unmißverständlich: nicht nur ad fontes, sondern ad facta. Er will sein Evangelium also eindeutig als eine Vita Jesu verstanden wissen.

Die Frage ist nur, wie weit er seine Intentionen wirklich hat durchführen können. Tatsächlich ist ihm das nur höchst mangelhaft gelungen. Die Eigenart der auch ihm zur Verfügung stehenden Überlieferungen hat sich einer im strengen Sinn biographischen Verarbeitung widersetzt, und es ehrt den Verfasser, daß er ihr sein Konzept nicht gewaltsamer aufgezwungen hat. Aufs ganze gesehen tritt es nur »redaktionell« zutage und verrät sich in Einzelzügen: etwa darin, daß er Jesu Geburt (2, 1 ff.) oder das Auftreten des Täufers Johannes und Jesu in einen großen welt- und zeitgeschichtlichen Zusammenhang stellt (3, 1 ff.), auf die Belagerung Jerusalems anspielt (19, 34 f.; 21, 20), Einzelszenen umgruppiert und ihren Ablauf sogar psychologisch verständlicher macht. Auch darin, daß er den Vorgeschichten einen breiteren Raum gibt (1—2) und Jesu Leiden als die Geschichte eines vorbildlichen Märtyrers schildert.

Von einer konsequenten Historisierung der Überlieferung kann jedoch keine Rede sein. Im wesentlichen ist die Arbeitsweise auch des Lukas die gleiche wie die der anderen Synoptiker, und seine Geschichtskonzeption hat Substanz und Aussagekraft der Tradition nur bedingt und graduell von den anderen verschieden gestaltet. Primär ist die Theologie auch des Lukasevangeliums also von der vorgegebenen Überlieferung geprägt. Angesichts der neuesten berechtigten Bemühungen, die eigene Geschichtsauffassung des Lukas herauszuarbeiten, ist das mit Nachdruck zu betonen.

Trotz aller äußeren und inneren Klammern, die beide

Teile des Werkes zusammenhalten, haben Überlieferungsstoff und -eigenart das Evangelium des Lukas so stark geprägt, daß seine von der Apostelgeschichte getrennte Einordnung und enge Verbindung mit den anderen Synoptikern im Kanon guten Sinn behält.

Der Evangelist hat in einem erstaunlichen Ausmaß noch weit über die anderen hinaus wertvolles Sondergut verarbeiten können (fast die Hälfte seines Evangeliums). In ihm erscheint Jesus vor allem als der Künder der suchenden, bergenden Liebe Gottes, die keinen verloren gibt. Das ist nicht im Sinne einer zeitlosen Gottesidee gemeint (der ewig gütige Vater), sondern als Ereignis und Geschehen, verwirklicht in Jesu Zuwendung zu Zöllnern und Sündern (5, 1 ff.; 7, 36 ff.; 15; 19, 1 ff.; 23, 34. 43) und seinem Eintreten für die völkisch, religiös und moralisch Verrufenen (zum Beispiel die Samariter 10, 29 ff.; 17, 11 ff.). Von diesen Leitgedanken ist das Christusverständnis des Evangeliums aufs stärkste bestimmt, auch und gerade das Bild Jesu in seiner Hoheit. Er ist der Kyrios, aber als solcher der *Heiland der Welt* (2, 11). Andere Motive, wie das der Gottverlassenheit Jesu in seinem Leiden oder die Züge des Weltrichters im Bilde des Menschensohnes, treten dahinter zurück oder verschwinden völlig.

Allerdings ist Jesu Geschichte nach Lukas in die Vergangenheit, wenn auch nicht in eine erledigte, eingegangen, also Historie geworden, aber als eine eigene, unvergleichlich ausgezeichnete Epoche, als »Mitte der Zeit« (Conzelmann). Unter diesem Aspekt hat sich das Bild der Geschichte im dritten Evangelium gegenüber den anderen Synoptikern verschoben. Die Zeit des irdischen Jesus liegt weit zurück. Die Kirche hat »mit der Zeit«

ihre eigene Geschichte erlebt und die Erfahrungen und praktischen Aufgaben ihres Glaubens und Lebens zu bewältigen. Alles das hat die Erwartung des unmittelbar bevorstehenden Weltendes und der Wiederkunft Christi überlagert. Auch in den anderen Evangelien zeichnet sich diese Erfahrung der »Parusie-Verzögerung« bereits deutlich ab. Aber erst Lukas bemüht sich, sie konsequent zu verarbeiten und der Kirche eine neue Orientierung inmitten der Welt und ihrer Geschichte zu geben.

Er hat darum auch die Jesusüberlieferung revidiert. Sprüche wie Mark. 1, 15 = Matth. 4, 17, die von der Nähe des Gottesreiches sprechen, haben bei ihm keine Parallele. Ausdrücklich wird sogar vor denen gewarnt, die jetzt schon proklamieren: »Die Zeit ist nahe« (21, 8 f.); Weltkatastrophen gelten Lukas noch nicht als »Anfang der Wehen« (gegen Mark. 13, 7 ff.).

Das heißt keineswegs, daß die Erwartung des Reiches, des Weltendes, der Erlösung überhaupt erloschen wäre, aber sie ist von der Terminfrage gelöst, und nur unter dieser veränderten Perspektive hat der Evangelist auch das apokalyptische Spruchgut der Jesustradition aufgenommen (17, 22 ff.; 21, 25 ff.). Damit hängt engstens zusammen, daß Mahnungen und Weisungen zur Beharrlichkeit in Glauben und Gebet, zur demütigen Selbsteinschätzung, zur Treue im Umgang mit dem anvertrauten irdischen Gut und zur Bewährung der Liebe im Lukasevangelium einen breiten Raum einnehmen. Ebenso gehören in diesen Zusammenhang die charakteristisch lukanischen Reflexionen über eine nach Epochen und Perioden gegliederte, in den Gesamtablauf der Zeit eingebettete eigene Gottesgeschichte (»Heilsgeschichte«).

Diese schon im Evangelium, vollends aber in der Apostelgeschichte erkennbaren theologischen Gedanken sind fraglos ein Tribut an Zeit und Weltlauf, den die ältere Christusüberlieferung und die ersten beiden Evangelisten ihnen in dieser Weise noch nicht gezollt hatten und sicher nicht zu entrichten bereit gewesen wären.

Anhang: Die Apostelgeschichte

Mit dem zweiten, wiederum Theophilus gewidmeten Teil seines Geschichtswerkes hat Lukas Neuland betreten. Die in Jesu irdischem Wirken vollendeten Geschehnisse in einer Schilderung der Ausbreitung und Auswirkung der von seinen bevollmächtigten Boten verkündeten Christusbotschaft weiterzuführen und in diesem Sinne eine Geschichte der Kirche zu schreiben, war vor ihm noch keinem in den Sinn gekommen und hat auch nach ihm keine Nachahmung gefunden. Der Verfasser ist damit zum ersten Historiker der Kirche geworden (M. Dibelius). Diese Charakteristik trifft freilich nur zu, wenn man sein historiographisches Unternehmen zugleich theologisch versteht. Die von Lukas erzählte Geschichte ist für ihn Heilgeschichte; er ist auch hier Historiker und Theologe in einem.

Inhalt und Absicht des umfänglichen Buches sind mit dem Titel »Apostelgeschichte« (nach dem lateinischen Kanon seit alters Acta Apostolorum genannt) nur ungenügend bezeichnet. Er rückt sofort ein Interesse an den großen »Taten« der Apostel in den Vordergrund, das zwar in dem Buch keineswegs fehlt, aber dem wichtigeren, der Verbreitung der Botschaft und dem Wachsen der Kirche, ein- und untergeordnet ist. Erst in der später auswuchernden, romanhaften und legendären Schilderung der Wundertaten, Reisen und Schicksale einzelner

Apostel verselbständigt sich das Interesse an den einzelnen heiligen Männern. Im ersten Teil der Apostelgeschichte jedoch erfahren wir Genaueres nur über Petrus. Nach seiner Gefangensetzung durch König Herodes und seiner wunderbaren Befreiung (12, 1 ff.) spielt aber auch er keine Hauptrolle mehr. Bruchlos geht die Geschichte weiter und handelt fortan von dem Wirken anderer Sendboten, vorab des Paulus und seiner Mission unter den Heidenvölkern. Der wichtigste Einschnitt in den Acta liegt darum weder beim Abtreten des Petrus von der Bühne noch auch bei der ersten Erwähnung des Saulus/Paulus (7, 58) und seiner Bekehrung (9), sondern in der breiten Schilderung des Apostelkonzils (15), bei dem die Jerusalemer Apostel Recht und Notwendigkeit der weiteren Heidenmission deklarieren und für ihre Durchführung klare Richtlinien erlassen (»Aposteldekret«, 15, 22 ff.; s. u. S. 104 ff.). Bis zu dieser »Wasserscheide« läuft die lukanische Darstellung in Richtung auf Jerusalem, von da ab auf die Völkerwelt und Rom.

Schon der mächtige Umfang der Paulusgeschichte zeigt, daß der Verfasser dem großen Völkermissionar in seinem Werk ein Denkmal hat setzen wollen. Um so mehr mag es zunächst überraschen, daß er ihm die Bezeichnung »Apostel« vorenthält. Sie wird nur an einer vereinzelten, wohl aus vorgegebener Überlieferung stammenden Stelle für Barnabas und Paulus gebraucht (14, 4. 14), jedoch in dem allgemeinen, auch aus den Paulusbriefen bekannten Wortsinn des Sendboten – noch ohne Beschränkung auf den Kreis der vom irdischen Jesus erwählten und nach Ausscheiden des Judas durch eine förmliche Nachwahl (Apg. 1, 15 ff.) wieder ergänzten »Zwölf«.

Diese Einzelbeobachtung weist sofort auf das die Apostelgeschichte im ganzen beherrschende Bild der Urkirche und ihrer Geschichte: Jerusalem als Ort des Todes, der Auferstehung und Himmelfahrt Jesu und als Sitz der Urgemeinde hat von Anfang an auch für die sich ausbreitende Weltkirche maßgebende Bedeutung. Die Zwölf behalten darum eine leitende, kontrollierende, die Tradition gewährleistende Funktion auch und gerade, als die Heilsbotschaft über die Grenzen Judäas hinaus nach Samarien (8, 5 ff.) und in die Heidenwelt gebracht wird (10/11; 13 f.). Erst nach seiner Legitimation durch die Jerusalemer Urapostel (15) beginnt Paulus sein eigentliches, weltweites Missionswerk. Wenn auch nicht selbst »Apostel«, richtet er damit den vom Auferstandenen selbst programmatisch gegebenen apostolischen Auftrag aus (1, 8).

Mit der Stellung Jerusalems hängt noch ein anderer, für Lukas charakteristischer, wichtiger geschichtstheologischer Gedanke eng zusammen: die Kontinuität zwischen Judentum und Christentum. Dieses, durch die alttestamentliche Gottesoffenbarung geheiligt und die Erfüllung der prophetischen Weissagungen in der Geschichte bestätigt, ist der legitime Erbe der wahren Väterreligion, der die Juden selbst untreu geworden sind. Der lukanische Paulus bekennt sich darum in den Acta bis zum Schluß als treuer Pharisäer (26, 2 ff.) und sucht »vom Gesetz des Mose und den Propheten aus« seine verstockten Volksgenossen für Jesus und das Reich Gottes zu gewinnen (28, 23 ff.). Man erkennt sofort: Das ist nicht mehr der historische Paulus, der seine Herkunft aus dem privilegierten Gottesvolk und seinen pharisäischen Gesetzeseifer um Christi willen für Schaden und

Dreck erachtet (Phil. 3, 5 ff.), Christus als das Ende des Gesetzes (Röm. 10, 4) und die Rechtfertigung allein aus Glauben, nicht aus Werken, predigt.

Lukas ist mit seinem kritischer Nachprüfung nicht standhaltenden Geschichtsbild und seiner harmonisierenden Theologie ein Repräsentant der nachapostolischen Zeit, die von den Kämpfen, Problemen und Erfahrungen der Pauluszeit nicht mehr viel wußte; sie waren jedenfalls nicht mehr aktuell. Auch ist anzunehmen, daß er die Briefe des Paulus noch nicht kannte; nirgends werden sie zitiert oder wird auf sie angespielt. Ihre Sammlung und Verbreitung kann erst gegen Ende des 1. Jahrhunderts in größerem Umfange eingesetzt haben.

Dennoch will Lukas auch als Historiker gewürdigt sein, wenngleich nicht im Sinne moderner, sondern antiker Historiographie. Das ihm für die Geschichte der Kirche erreichbare Überlieferungsgut war freilich sehr anderer Art als das in seinem Evangelium verarbeitete: uneinheitlich, verstreut, auf unbekannten Wegen zu ihm gelangt; ob und wie weit schon hier und da quellenmäßig fixiert, ist nicht mehr sicher auszumachen. Nachrichten jedenfalls von sehr ungleichem historischen Wert, vom Autor gesammelt und nach bestem Vermögen kommentiert: über Ereignisse, Wunder und Erfolge, Daten, Reiserouten, Orte, Gemeinden, Personen und dergleichen. Doch erweist er sich als Historiker im zeitgenössischen Sinn nicht so sehr in diesem Detail, sondern in der Kunst des anschaulichen, oft dramatischen Erzählens der Einzelszenen. Davon geben viele Stücke des Buches, die hier nicht aufgezählt werden können, ein beredtes Zeugnis. Zu den Darstellungsmitteln damaliger Geschichtsschreibung gehören auch die für die Acta charakteristischen großen Reden (nicht weniger als 24, fast ein Drittel des Buches). Sie sind weder paulinische oder andere Predigt-Kladden noch Nachschriften, auch keine Exzerpte, sondern vom Verfasser gestaltet, an Höhepunkten und Übergängen eingefügt, und spiegeln, wenn auch nicht ohne Bezug auf Situation, Umwelt und Hörerschaft geformt, primär die Gedankenwelt des Autors, nicht die des jeweiligen Redners wider (Beispiele: Petri Pfingstpredigt 2, 14 ff.; Stephanusrede 7, 2 ff.; Areopagrede des Paulus 17, 22 ff. u. v. a.).

Daraus folgt, daß Lukas da, wo er als »Historiker« berichtet und schreibt, nach modernen Maßstäben am wenigsten als verläßlicher Zeuge der wirklichen Ergeignisse gelten kann. Unverdächtige Nachrichten sind vielmehr in mancherlei unauffälligen, beiläufigen Angaben zu suchen und hier auch in nicht geringer Zahl zu finden, zumal wenn sie durch die authentischen Paulusbriefe bestätigt werden. Lange Zeit meinte man, bei bestimmten Abschnitten, in denen die Erzählung unvermittelt aus der dritten Person Singularis in die erste des Plural überwechselt (16, 10 ff.; 20, 5 ff.; 21, 1 ff.; 27, 1 – 28, 16), soliden Quellengrund in Form von Aufzeichnungen eines Reisebegleiters unter den Füßen zu haben (»Wir-Quelle«). Doch ist auch diese Annahme brüchig, weil sich die genannten Passagen nach Wortschatz und Erzählweise vom Kontext nicht wirklich abheben und überdies solcher Stilbruch auch sonst in der antiken Geschichtsschreibung ein beliebtes Mittel lebhafter Darstellung ist.

Unter allen diesen Aspekten ist der Geschichtswert der Acta zu beurteilen: keineswegs nur negativ; die Apostelgeschichte bleibt nach wie vor eine eminent wichtige Quelle für die Geschichte der Urkirche und zumal des

Paulus, aber eine von Fall zu Fall nur kritisch zu verwertende. Geschichtsquelle ist sie primär für ihre eigene Zeit mit ihren weithin gewandelten Lebensverhältnissen und religiösen Anschauungen. Ihr hält der Verfasser das ideale Bild der Urkirche und ihrer nach Gottes Vorsehung und Heilsplan gelenkten, Schritt um Schritt durch den Heiligen Geist unter Jesu Wort und Namen vorangetriebenen Geschichte vor Augen. So will er der Kirche festen Stand geben inmitten der Welt und sie für das Gericht zurüsten, das der in seinem Erdenwirken von Gott ausgewiesene (2, 22) und zum Himmel gefahrene Jesus am Ende aller Tage halten wird (17, 31).

IV. Teil

Das Evangelium in der Botschaft des Paulus

A. Zum Verständnis der Paulusbriefe

Die Geschichte der urchristlichen Literatur beginnt mit Briefen, also einer von Hause aus völlig unliterarischen Schriftengattung. Der erste, der sich dieser und ausschließlich dieser Form schriftlicher Selbstmitteilung bedient hat, ist der Apostel Paulus. Nichts deutet darauf, daß er jemals andere literarische Werke, also etwa wie sein jüdischer Zeitgenosse Philo Kommentare, theologisch-philosophische Abhandlungen oder wie die Evangelisten nach ihm ein Evangelium hat schreiben wollen. Sein vielfach nachgeahmtes, aber nie erreichtes Vorbild als Briefschreiber hat sehr bald Schule gemacht. Auch nach ihm ist der Brief das gebräuchlichste und besonders charakteristische Kommunikationsmittel im Schrifttum der frühen Kirche geblieben. 21 der 27 Schriften des Neuen Testaments sind in dieser Form gehalten, 13 davon – zu Recht oder zu Unrecht – unter dem Namen des Paulus überliefert. Sogar die Offenbarung Johannes ist in Eingang und Schluß als Brief aufgemacht.

Mindestens ein beträchtlicher Bestand der im Kanon als Briefe des Paulus geltenden ist unbestritten von ihm selbst verfaßt, genauer gesagt: diktiert; darunter seine großen Hauptbriefe an die Korinther und Römer, aber

auch weniger umfangreiche wie mindestens der erste nach Thessalonich, der Galater- und Philipperbrief und der kleine aus der Gefangenschaft geschriebene an Philemon. Bei anderen ist die paulinische Abfassung umstritten (2. Thess., Kol., Eph.); in einigen Fällen sprechen durchschlagende Gründe gegen sie (1. und 2. Tim., Tit.). Die echten Paulusbriefe sind ausnahmslos wirkliche Briefe, das heißt Dokumente einer lebendigen Kommunikation, einerlei, ob aus ihr erwachsen – wie die meisten – oder dazu verfaßt, sie zu begründen (Röm.). In jedem Fall sind sie von einem bestimmten Verfasser aus besonderem Anlaß an einen konkreten Leserkreis – nicht an ein unbestimmtes Publikum – gerichtet, also situationsbedingte und -bezogene Schreiben, auch wenn die in ihnen zur Sprache kommende Sache Situation und Augenblick weit überragt. Das macht den Reiz dieser Briefe aus, aber erschwert auch späteren Lesern ihr Verständnis. So sind sie in der Tat zeitgebunden. Erfahrungen und Probleme, Sprache, Anschauungen, Vorstellungen und Denkweise des Verfassers und der Adressaten inmitten ihrer damaligen Umwelt sind nicht mehr ohne weiteres die unseren. Mancherlei Anspielungen, Bezugnahmen oder auch gezielte Pointen, die die ersten Leser auf Anhieb und kommentarlos verstanden, bedürfen für uns der Erläuterung oder bleiben uns dunkel.
Dieser geschichtliche Abstand darf nicht eilfertig übersprungen werden. Die Neigung dazu ist, wie zum Beispiel viele moderne Übersetzungen und ein gewisser Predigt- und Schuljargon beweisen, unter uns weit verbreitet. Man glaubt damit Paulus und andere urchristliche Zeugen für die Gegenwart zum Reden zu bringen und merkt nicht, daß man ihnen in Wahrheit das Wort ent-

zieht. Man räumt auf diese Weise nur voreilig den Platz des möglichen Hörers. Wie nur irgendwelche anderen biblischen Schriften verwehren die Paulusbriefe solchen fraternisierenden Umgang, gleichsam auf du und du, aber sie eröffnen dem ernsthaft Bemühten gerade damit, oft in überraschender Weise, über viele Jahrhunderte hinweg die Möglichkeit, an dem bewegten Zwiegespräch zwischen dem Apostel und seinen Gemeinden teilzunehmen. Sachgemäß verstanden, berechtigt die Zeitgebundenheit der Briefe darum nicht zu dem pauschalen Verdikt des Nicht-mehr-Aktuellen. Vielmehr macht sie, je nach ihrem Inhalt, gerade auf ihre Aktualität aufmerksam, sofern die Briefe die Christusbotschaft nicht zeit-los abhandeln,sondern in Leben, Erfahrungen, Wege und Irrwege, Nöte und Hoffnungen der Angeredeten hineinsprechen und diese ausdrücklich oder unausgesprochen mit zu Wort kommen lassen.

Doch sind die Paulusbriefe mit dem Stichwort »zeitgebundene Gelegenheitsschreiben« erst sehr vorläufig, ja mißverständlich und unzureichend gekennzeichnet. Ihre Eigenart und Sonderstellung im Rahmen der antiken Briefliteratur ist damit noch nicht getroffen. Man braucht sich nur einmal zu vergegenwärtigen, welche der uns geläufigen Kategorien auf sie nicht anwendbar sind. Weder sind sie private Briefe an eine befreundete Schar von Glaubensgenossen – womöglich gar nach getaner Arbeit zur Pflege persönlich-geselliger Beziehungen verfaßt –, noch sind sie Informationsschreiben, kirchenamtliche Verlautbarungen, theologische Lehrschriften, Predigtentwürfe, Handreichungen zur Volksmission und was dergleichen mehr ist.

Im Grunde ist schon das Phänomen seiner Briefe als solches, vollends aber ihre Gestaltung Ausdruck und Instrument des unverwechselbar besonderen Auftrages, zu dem sich Paulus als Apostel berufen wußte: in der begrenzten Weltzeit bis zur Parusie die Botschaft von Christus als dem Kyrios der Welt und Heilbringer für alle zu den Heidenvölkern zu tragen. Schon die bloße Tatsache, daß er in einem so erstaunlichen Ausmaß sich der Korrespondenz bedienen mußte, ist bezeichnend. Die uns erhaltenen Briefe sind nachweislich nur ein Bruchteil von ihr; ihr bereits außerordentlicher Umfang spiegelt das Verständnis des Paulus von dem Evangelium und seiner eigenen Berufung wider. Die Weltweite seines Auftrages ebenso wie die Kürze der Zeit ließen ihn in einzelnen Gemeinden und ihrer Umgebung nicht länger verweilen. Sie nötigten ihn, nach mehr oder weniger kurzer Zeit weiterzuziehen, sie sich selbst zu überlassen, die Weiterführung des Begonnenen anderen anzuvertrauen und den noch jungen, vielfach ungefestigten Einzelgemeinden in besonderen Nöten und Fragen durch Entsendung von Mitarbeitern, aber auch durch flüchtige Zwischenbesuche und vor allem eben durch seine Briefe zu helfen.

Obwohl alle Adressatengemeinden gewiß nur als eine verschwindend kleine Schar von gläubig Gewordenen inmitten einer erdrückenden heidnischen Umwelt vorzustellen sind, auch aus dem bergenden Schoß der jüdischen Synagoge gelöst und von ihr verfolgt, von außen und innen vielfach bedroht, sieht Paulus doch jede Einzelgemeinde als Vorhut und Vorort einer ganzen Landschaft an: Galatien, Mazedonien, Achaja (etwa der Bereich des klassischen, inzwischen zur römischen Provinz gewordenen Griechenland), Asia (das Gebiet der kleinasiatischen

Küstenstädte), schließlich Rom selbst als Hauptstadt des Imperiums, aber zugleich als Brücke in den weiteren Westen (Spanien; s. u. S. 122 ff.). Es wäre jedoch grundverkehrt, sich den Apostel als einen planlos, von seiner erhitzten apokalyptischen Phantasie oder seinem unsteten Temperament getriebenen, kreuz und quer herumjagenden Prediger vorzustellen, wenn man so will als einen »rasenden Reporter«. Seine Briefe zeigen, in welchem Maße sich auch in kurzer Zeit zwischen ihm und seinen Gemeinden intensive Beziehungen entwickelt haben, solche des Vertrauens und der Liebe, wie auch solche des Mißtrauens, heftiger Spannungen, ja hier und da tiefster Entfremdung. Auch über räumliche und zeitliche Entfernungen hinweg ist Paulus bis zur Aufzehrung seiner physischen und seelischen Kräfte nach wie vor um seine Gemeinden, ja sogar einzelne ihrer Glieder bemüht, kennt ihre individuelle Situation, ihre Bewährung und ihr Versagen und ist in erstaunlichem Ausmaß auf dem laufenden. Alles das kommt in seinen Briefen reichlich zur Sprache – aber immer unter dem Aspekt des Christusgeschehens, in das alle seine Gemeinden durch das ihnen verkündete Wort heilbringend hineingezogen sind und an dem sie Anteil haben, auch die schon abtrünnig werdenden Galater wie die der Verführung durch Schwarmgeister und Irrlehrer schon fast erlegenen Korinther. Noch im Zustand äußerster Verworrenheit gelten sie ihm als von Gott Berufene und Christi Eigentum.

Mit einer Ausnahme sind alle echten Paulusbriefe an Gemeinden gerichtet und mit Sicherheit in den gottesdienstlichen Versammlungen verlesen worden, in Ausrichtung seines Auftrages als des von Gott berufenen Apostels und Sklaven Jesu Christi geschrieben. Aber auch der kleine Philemonbrief ist, sosehr er persönlich gehalten ist, kein normaler Privatbrief. Er ist aus einem besonderen Anlaß an einen Mitarbeiter des Apostels und seine Hausgemeinde gerichtet. Ein Sklave des Philemon war, offensichtlich nach einem Griff in die Kasse seines Herrn, durchgebrannt und hatte bei dem wahrscheinlich in Ephesus inhaftierten Apostel Zuflucht gesucht. In seinem Brief bringt dieser die leidige Sache in Ordnung, aber schreibt auch hier bezeichnenderweise als »Gefangener Jesu Christi« und beruft sich auf seine geistliche Vaterschaft gegenüber dem inzwischen gläubig gewordenen »Nichtsnutz« (Anspielung auf seinen Namen Onesimus, das heißt: der Nützliche), um ihm so die Wiederaufnahme, und zwar nicht als Sklave, sondern als Mitbruder zu ermöglichen; ein »Onesimus« für Paulus selbst soll fortan Philemon sein. Der kleine Brief ist damit zugleich ein höchst lehrreicher Beitrag zu dem viel diskutierten Thema der Sklavenfrage im Urchristentum.

In ihrer Form haben die Paulusbriefe – besonders in Briefeingang und -schluß – geprägte Elemente aus dem Formular antiker, speziell orientalisch-jüdischer Briefe aufgenommen (Absender, Adressat, Gruß, Wünsche). Aber schon die Art, wie der Verfasser sich selbst einführt, seine Mitarbeiter als Mitabsender nennt, die jeweiligen Adressaten anredet und den Gruß in den Zuspruch des Heils abwandelt, hebt sich unverwechselbar aus der antiken Briefliteratur heraus. Die Briefe weichen auch darin vom Herkömmlichen ab, daß weite Partien durchaus lehrhafter Art sind, Schriftstellen auslegen (zum Beispiel Röm. 4; 1. Kor. 10, 1 ff.; Gal. 3/4), größere theologische Zusammenhänge entfalten (Röm. 9–11

u. a.), in knappen, geprägten Wendungen oder in Anlehnung an sie die Heilsbotschaft zusammenfassen (Röm. 1, 3 f.; 1. Kor. 15, 3 ff. u. a.). Wieder andere sind im traditionellen Stil gehaltene apokalyptische Stücke (1. Kor. 15, 20 ff. 51 ff.; 1. Thess. 4, 15 ff.) oder stilgerechte ethische Mahnreden (Paränesen), ohne ausdrückliche Beziehung zu einer konkreten Situation (sogenannte Tugend- und Lasterkataloge; Haustafeln).

In dieser Ausgestaltung zu Instrumenten und Dokumenten des apostolischen Dienstes sind auch die Briefe eine genuin urchristliche, speziell paulinische Schöpfung und insofern ein Analogon zu der nicht auf Paulus zurückgehenden spezifisch urchristlichen Literaturgattung der Evangelien (s. o. S. 40 ff.; 53). Wie stark die Paulusbriefe nachgewirkt haben, zeigt das spätere frühchristliche, kanonische und außerkanonische Schrifttum. Diese Annahme wird auch dadurch nicht hinfällig, daß die Briefe des Apostels schwerlich schon zu seinen Lebzeiten oder sofort nach seinem Tod über größere Kirchengebiete in Sammlungen verbreitet wurden. Dieser Prozeß der Publikation hat sich, soweit wir sehen, erst nach einigen Jahrzehnten in weiterem Ausmaß vollzogen. Überhaupt muß man sich den Austausch dieses und anderen Traditionsgutes zwischen den Gemeinden erheblich langsamer, zufälliger und mehr sporadisch vorstellen, als wir unwillkürlich annehmen.

Viele der späteren neutestamentlichen »Briefe« sind freilich nur in briefliche Form gekleidet, ihrem Inhalt nach jedoch anderen Gattungen zuzurechnen: Gemeindeordnungen (Pastoralbriefe); Homilien, das heißt Predigten (Hebräerbrief); ethische Spruchsammlungen (Jakobusbrief); apokalyptische Streit- und Lehrschriften (Judas-,

2. Petrusbrief). In vielen Fällen sind freilich die Grenzen zwischen diesen Gattungen fließend. Als literarisches Kunstmittel war der Brief schon im Altertum beliebt (Philosophenbriefe; Horaz u. a.) und hat sich in dieser Gestalt auch in der neueren Literatur erhalten (Goethes »Werther«!).

Von allen Kunstbriefen unterscheiden sich die authentischen Paulusbriefe als wirkliche Briefe. Sie werden darum nur verständlich, wenn man sie im Zusammenhang der Geschichte des Paulus und seiner Gemeinden liest. Es empfiehlt sich darum, sie hier unter diesem Aspekt, nicht in ihrer kanonischen Reihenfolge, zu besprechen. So erst bekommen sie Profil, fangen an zu reden und hören auf, nur ein ehrwürdiges Reservoir gottesdienstlicher Lektionen und religiöser Sentenzen zu sein. Aus langer Tradition sind wir leider gewohnt, sie nur in solcher Weise hinzunehmen. Die Folge ist bekanntlich nicht ausgeblieben: Paulus und zahlreiche andere urchristliche Zeugen sind für den heutigen Bibelleser weithin zu einer Galerie beliebig austauschbarer, fremdartiger Heiligenfiguren geworden ohne Fleisch und Blut und individuelles Profil, von denen, wie auf Darstellungen der frühchristlichen und mittelalterlichen Kunst – mehr oder weniger zufällig – der eine mit diesem, der andere mit jenem legendären Attribut oder irgendeinem Spruchband versehen ist.

B. Die Geschichte des Paulus und das Grundthema seiner Botschaft

Wenn wir hier die Briefe des Paulus in den Zusammenhang seines Lebens und Wirkens stellen, so soll das nicht dem verbreiteten Mißverständnis Vorschub leisten, sie seien zuerst und zuletzt ein Niederschlag seiner subjektiv-persönlichen Erlebnisse, der Begabung eines Visionärs, der inneren Erfahrungen eines in seinem religiös-sittlichen Perfektionsstreben gescheiterten Juden und dergleichen. So gewiß Herkunft und Tradition, soziales Milieu, Bildungseinflüsse, Gaben und Veranlagung des Paulus, die unverwechselbare Individualität seines differenzierten Geistes und nicht zuletzt auch die oft jähe Leidenschaft seines Temperaments an vielen Stellen seiner Briefe erkennbar sind, könnten wir uns bei solcher Art, ihn und seine Briefe zu deuten, auf sein eigenes Selbstverständnis jedenfalls nicht berufen und würden auf Schritt und Tritt die Texte selbst vergewaltigen. Seine eigene Person und Lebensgeschichte kommen in den Briefen aufs ganze gesehen nur selten, wenn auch an wichtigen Stellen zur Sprache, jedoch immer nur soweit und insofern sie dazu beitragen, das die Welt im ganzen angehende Christusgeschehen beispielhaft zu erläutern.
Unter diesem Aspekt ist die Geschichte seines Lebens und Wirkens allerdings für das Verständnis der Briefe von großer Bedeutung. Sie sind ohne Ausnahme in einer späten und relativ kurzen, nicht mehr als sechs bis sieben Jahre umfassenden Phase seines missionarischen Wirkens verfaßt, ehe er bei seinem letzten Besuch in Jerusalem gefangengenommen wurde (ca. 56/57 n. Chr.) und danach wahrscheinlich Anfang der Sechzigerjahre in

Rom unter Nero den Märtyrertod starb. Doch werden alle Briefe des Paulus ohne einen Rückblick auf die etwa dreimal so lange Zeit seiner Geschichte unmittelbar nach seiner Bekehrung und Berufung zum Apostel nicht wirklich verständlich. Sie soll darum hier wenigstens in einem kurzen Abriß mit einbezogen werden.
Weder die Briefe noch die Apostelgeschichte enthalten genaue Jahresangaben. Doch läßt sich auf Grund der Erwähnung des Statthalters Gallio (Apg. 18, 12), dessen Amtszeit in Achaja inschriftlich belegt ist (höchst wahrscheinlich 51–52 n. Chr.), der erste eineinhalbjährige Aufenthalt des Paulus in Korinth auf Ende 49 bis Frühsommer 51 datieren und von diesem einzigen Fixpunkt der paulinischen Chronologie aus an Hand anderer verstreuter Angaben der Zeitraum für die Geschichte des Paulus und des Urchristentums vorher und nachher mehr oder weniger genau errechnen.
Auch wenn die Briefe nirgends mit autobiographischer Absicht geschrieben sind und dementsprechend die Vita des Paulus sich aus ihnen nur fragmentarisch nachzeichnen läßt, sind sie doch auch in dieser Hinsicht durchaus ergiebig und auf alle Fälle die beste, authentische Quelle, an der alle anderen Nachrichten über ihn zu messen sind. Das gilt, wie bereits erwähnt, auch für die Apostelgeschichte und die in ihr verarbeiteten Überlieferungen. Sie zeigen, daß man sich nach seinem Wirken und seinem Ende in bestimmten Gemeindekreisen vielerlei Einzelheiten aus seinem Leben und vor allem auch Erstaunliches über die Erfolge und Wundertaten des großen Mannes erzählt hat, freilich weithin nach dem Ideal der großen göttlichen Männer, die man auch in der heidnischen Umwelt feierte. Lukas hat diesen Überlieferungen, für

deren phantastisches Auswuchern die späteren, apokryphen Paulusakten weitere Beispiele liefern, einen nicht geringen Raum gegeben und sie überdies im Bann seines nachapostolischen Geschichtsbildes in seiner Weise ausgestaltet. Jedoch zeigt sich nach kritischer Sichtung aller dieser Überlieferungen, daß er auch viele glaubwürdige, unverfängliche Nachrichten zur Geschichte des Paulus beisteuert.

Wahrscheinlich um die Jahrhundertwende im kilikischen Tarsus als Sohn einer jüdischen Familie der hellenistischen Diaspora geboren (Apg. 22, 3), ist Paulus nicht nur seiner Herkunft getreu, sondern auch auf Grund eigener Entscheidung gesetzesstrenger Pharisäer geworden und bis über Jesu Tod und die Anfänge der Jerusalemer und hellenistischen Urgemeinde hinaus geblieben (Phil. 3, 5 ff.; Gal. 1, 13 f. u. a.). In strikter Konsequenz dieses eingeschlagenen Weges hat er, wie er selbst wiederholt erwähnt, die Gemeinde Jesu verfolgt (Gal. 1, 23; Phil. 3, 6; 1. Kor. 15, 9; vgl. Apg. 9, 1ff.; 22, 4 f.; 26, 9 ff.), wenn auch sicher in anderer Weise, als Lukas es sich später vorgestellt hat. Sein Bericht unterstellt der hohenpriesterlichen Behörde eine Jurisdiktionsgewalt auch über außerjudäische Synagogengemeinden (Damaskus!), die sie so nie innehatte. Zu denken ist vielmehr an Prügelstrafen und Ausstoßung aus der Synagoge, wie Paulus sie später selbst des öfteren am eigenen Leibe erlitt (2. Kor. 11, 24).

Über die Gründe seines Eiferns wider die Christen geben Stellen wie Gal. 1, 13 ff. und Phil. 3, 5 f. eindeutige Auskunft, wo Paulus seine einstige Verfolgertätigkeit im Zusammenhang mit seinem Eifer für das Gesetz erwähnt. Die Anhänger Jesu und dieser selbst galten ihm also als Zerstörer des Gesetzes. Als Gesetzesfeinde und Gotteslästerer können Paulus freilich unmöglich schon die in Jerusalem verbliebenen Anhänger Jesu insgesamt erschienen sein. Diese unter Leitung der Urapostel sich zur Urgemeinde formierende Schar hielt sich, wie die Apostelgeschichte sicher richtig berichtet, treu an die heilige Stadt, an Tempel und Gesetz, ohne daran zu denken, aus dem Verband des privilegierten Gottesvolkes auszubrechen. Was sie von den übrigen Juden unterschied, war zunächst nur ihr Glaube, der am Kreuz gescheiterte Jesus sei auferstanden und der in Bälde wiederkommende Messias. Doch war das für Juden höchstens eine wunderliche Illusion, aber noch kein Grund, ihnen den Prozeß zu machen und sie auszustoßen. Derlei apokalyptische Schwärmereien hat es auch später noch gegeben. Einen unerträglichen Angriff auf die Fundamente der jüdischen Religion und damit zugleich eine tiefgreifende Krisis innerhalb der Urgemeinde bedeutete erst, wenngleich schon sehr bald, das Aufkommen der radikalen hellenistisch-jüdischen Richtung unter Führung des Stephanus (Apg. 6/7). Sie stellte den Heilsanspruch des jüdischen Volkes radikal in Frage und löste damit die erste Christenverfolgung aus, in deren Verlauf die ersten heidenchristlichen Gemeinden in Syrien entstanden (Damaskus, Antiochien). In den Grundzügen läßt sich dieser für die Geschichte des Urchristentums und des Paulus epochale Ausbreitungsprozeß der Heilsbotschaft noch aus der Apostelgeschichte (8/9; 11, 19 ff.) ablesen, obwohl Lukas sich nur noch eine unzureichende, die Gegensätze von einst harmonisierende Vorstellung davon machen konnte.

In diesen Zusammenhang fügt sich die durch Paulus

selbst wie auch von den lukanischen Berichten bestätigte Tatsache, daß sein grimmiger Verfolgungseifer sich gegen die Christen in Damaskus richtete und in oder bei dieser Stadt sich die Wende seines Lebens und seine Berufung zum Heidenapostel ereignete. Wie sie sich im einzelnen vorbereitet hat, wie und wo er zum erstenmal mit der Christusbotschaft bekannt wurde und welche Widerstände sie überwinden mußte, darüber schweigen die Quellen, sosehr sich diese Frage aufdrängen mag. Doch ist sie nicht nur unbeantwortbar, sondern auch im Verhältnis zu der Sache, an der Paulus selbst gelegen ist, unwichtig. Was wir mit Sicherheit sagen können, ist nur dies, daß seine Bekehrung und Berufung nicht unter dem unmittelbaren Eindruck der Predigt des irdischen Jesus erfolgte; ihm ist Paulus nie begegnet (2. Kor. 5, 16). Aber auch nicht als ein allmählich reifender Erkenntnisprozeß, bei dem ihm schließlich die Vergeblichkeit all seiner bisherigen Bemühungen um die Gesetzesgerechtigkeit in einem inneren Zusammenbruch zu Bewußtsein kam. Zu dieser verbreiteten Auffassung hat immer wieder eine falsche, autobiographische Deutung von Röm. 7, 7–25, Anlaß gegeben. Hier redet Paulus aber nicht von seiner eigenen, verpfuschten Lebensgeschichte, sondern von der Verlorenheit des Menschen überhaupt unter Sünde, Gesetz und Tod, und zwar rückblickend im Lichte des Christusgeschehens. In Wahrheit ist ihm in der jäh vor Damaskus geschehenen Erscheinung des auferstandenen und erhöhten Herrn nicht Irrtum und Minderwertigkeit des Gesetzes, vielmehr die Größe der Gnade Gottes aufgegangen, nicht nur als Gottes Eingriff in sein persönliches Leben, sondern als weltenwendendes, befreiendes Geschehen (Gal. 1, 15 f.). Dies unter den Heidenvölkern auszurichten, war von nun an sein Auftrag und das Thema seiner Theologie, zusammengefaßt in seiner Botschaft von der Offenbarung der *Gerechtigkeit Gottes* nicht aus Werken des Gesetzes, sondern allein aus Glauben, allein durch Christus (Röm. 3, 21 ff.). In einer fremden, jüdischen Sprache formuliert und durch eine lange christliche Tradition abgenutzt, sind diese Gedanken dem heutigen Menschen nicht mehr ohne weiteres zugänglich, zumal sie für das moderne Denken völlig überlagert scheinen von der vorrangigen Frage nach der Existenz Gottes überhaupt. So gelten sie als gestrig, vergangen, überholt, weil an weltanschauliche Voraussetzungen geknüpft, die für uns nicht mehr zutreffen. Die Existenz Gottes diskutiert Paulus in der Tat nicht. Doch würde er bestreiten, daß sie sich überhaupt als ein weltanschauliches Problem angehen läßt. In seiner Lehre vom Gesetz und von der Rechtfertigung, die allein dem Glauben widerfährt, hat Paulus in Wahrheit jene »moderne« Denk- und Frageweise überholt. Denn hier wie da leitet ihn die Erkenntnis, daß sich von Gott überhaupt nur reden läßt, indem zugleich von Welt und Mensch geredet wird; aber auch umgekehrt: von Mensch und Welt nie ohne die Frage nach Gott. In diesem Spannungsfeld — sozusagen einer wechselseitigen Transzendenz — der Zuwendung Gottes zum Menschen und der Hinwendung des Menschen zu Gott bewegt sich sein ganzes Denken, niemals jedoch im Sinne einer zeitlos theoretischen Reflexion, nein, immer angesichts der die Welt angehenden Geschichte Jesu Christi. Das aber heißt: angesichts dieses nach allen menschlichen Maßstäben am Kreuz gescheiterten Jesus (1. Kor. 1, 18 ff.). Von ihm sagt das paulinische Evangelium als das »Wort vom Kreuz«

und die Botschaft von der »Gerechtigkeit Gottes«: Nicht dieser Jesus, nicht Gott und auch nicht sein Gesetz sind gescheitert, sondern der Mensch, ob als Jude oder Heide, in seinem wie immer frommen oder abergläubischen, ihm bewußten oder unbewußten Bemühen, Gott gleichsam in das eigene Leben zu integrieren.
Dieser wie auch immer grobe oder sublime Drang nach Selbstbestätigung, Selbstbehauptung, der eigenen Leistung den letztgültigen Sinn der Existenz abzutrotzen, ist der verborgene Motor im Leben aller. So will der Mensch sein Leben selbst aufbauen, sich zur Geltung bringen, beispielhaft deutlich im Eifer des Juden, dem Gesetz Gottes durch seine »Werke« zu genügen. Diesem Streben hat die Offenbarung der Gerechtigkeit Gottes ein Ende gesetzt. Gott ist und bleibt darin der Richter, der das letzte Wort über den Menschen spricht. Aber das Bild der blinden Justitia, die den Menschen außer acht läßt und nur seine Werke abwägt, ist auf Gott nicht anwendbar. Er läßt den Menschen gerade nicht aus dem Auge, sondern schafft ihm Recht, läßt ihn gelten und hat ihn trotz seiner Feindschaft bedingungslos angenommen. Das ist der Sinn des Christusgeschehens. Dieses Ja Gottes zum Menschen in einem ebenso unbedingten und rückhaltlosen Ja zur Gnade Gottes sich zu eigen zu machen und sich selbst angenommen zu wissen, das heißt für Paulus Glaube.
So ist der Mensch heilsam zu seiner Befreiung gescheitert, aus der Versklavung an die ihn bannenden Welt- und Lebensmächte »losgekauft« (Gal. 4, 5).
Das vermeintliche Ende dieses Christus ist in Wahrheit das Ende des Gesetzes als Weg zum Heil (Röm. 10, 4). Denn das Gesetz, obwohl dem Menschen zum Leben ge-

geben (Röm. 7, 10) und ihn als Geschöpf anrufend, trifft ihn in Wahrheit als den, der sich auf allen erdenklichen Wegen seinem Schöpfer entzieht und im Wahn eigenmächtiger Freiheit dem Fluch des Todes erliegt. Das hat nach Paulus erst das Evangelium ans Licht gebracht: Der Mensch, der sein Leben Gott verdankt und schuldet, bleibt es ihm in seiner steten versklavten Selbst- und Weltbezogenheit beständig schuldig. Aber für diesen Menschen, der niemals fähig ist, sich für Gott zu entscheiden, hat Gott sich entschieden und ihn durch Christus zu einem neuen Leben in der Welt befreit (Gal. 5, 1. 11 u. a.).

Der Tod Christi und seine Erhöhung zum Kyrios über alle bedeutet die Annulierung dieses Fluches (Gal. 3, 13). Bis zur letzten Paradoxie gesteigert, ist dies in der Wendung »Rechtfertigung des Gottlosen« (Röm. 4, 5) ausgesagt.

Unter dem Einfluß der in der Apostelgeschichte dreimal in dramatischen, sekundär ausgemalten Schilderungen berichteten Szene der Bekehrung des Paulus (9, 1 ff.; 22, 3 ff.; 26, 9 ff.) sind wir gewohnt, seine Christusvision vor Damaskus zu dem alles beherrschenden Thema seiner Verkündigung und Mission zu machen. Sie gehört in der Tat unlöslich mit dem Ereignis seiner Lebenswende und seiner Berufung zusammen (1. Kor. 9, 1; 15, 8). Aber nicht diese seine Vision ist Inhalt seiner Predigt und Theologie. Visionen sind Paulus auch sonst zuteil geworden (2. Kor. 12, 1 ff.), aber er redet widerstrebend von ihnen und bestreitet ausdrücklich ihre kerygmatische Aussagekraft. Auch unterscheidet er sie von der österlichen Erscheinung Christi und erwähnt, wo er von ihr spricht, sich selbst im Zusammenhang der übrigen

Apostel, die Christi Auferstehung bezeugen und damit die Glaubensbotschaft bekräftigen. Entscheidend und einzigartig ist jedoch die in seiner Rechtfertigungsbotschaft zusammengefaßte Erkenntnis der weltumfassenden Heilsbedeutung Christi, die in dieser Gestalt keineswegs von vornherein Allgemeingut der Urgemeinde und der Jerusalemer Urapostel war.

Paulus hat sein besonderes Verständnis der Christusbotschaft und damit seinen eigenen Auftrag als Heidenapostel in seiner Mission und seinen Briefen sehr verschiedenartig entfaltet, nicht zuletzt auch verschieden nach Art und Glaubensstand der jeweils angeredeten Gemeinden. Seine Briefe bieten darum ein breites Spektrum theologischer Gedanken und Entwürfe, die sich nicht zu einem wohl assortierten System zusammenfügen lassen. Dennoch ist seine Rechtfertigungslehre der verborgene oder auch sichtbar werdende Nerv seiner Botschaft. Und zwar nicht erst, wie fälschlich behauptet worden ist, von dem Augenblick ab, wo er sich hart mit jüdischen und christlich-judaistischen Anschauungen in seinen Gemeinden auseinandersetzen mußte, so gewiß diese späteren Kämpfe zur Ausreifung seiner Lehre beigetragen haben. In ihren Grundzügen bestimmt sie seinen Weg und sein missionarisches Werk von seiner Berufung an.

Nur so wird die in der Apostelgeschichte völlig verschleierte, aber durch Gal. 1, 12 ff. bezeugte, sehr merkwürdige Tatsache verständlich, daß Paulus nach der Bekehrung nicht nach Jerusalem zog, um sich dort nähere Belehrungen bei den Uraposteln zu holen. Vielmehr brach er sofort zur Verkündigung der Heilsbotschaft unter den Heiden auf, zuerst in der Arabia, das heißt im hellenistischen Nabatäerreich (etwa das heutige Jordanien), also nicht, wie oft vorgestellt, zur stillen Meditation in die Wüste. Dies ist die erste, mehrjährige, offenbar nicht sehr erfolgreiche und mit seiner Verfolgung (2. Kor. 11, 32 f.) endende Phase seiner Mission, die in der Apostelgeschichte überhaupt keine Spuren hinterlassen hat. Aber auch weitere lange (insgesamt etwa 15) Jahre hielt er sich geflissentlich von Jerusalem fern und führte seine missionarische Arbeit im heidnischen Syrien, Kilikien und zuletzt in Antiochien fort. In diese lange Zeit fällt nur ein kurzer vierzehntägiger Zwischenbesuch bei Petrus (Kephas). Die auffallende Distanz gegenüber den Jerusalemern war offensichtlich darin begründet, daß Paulus in jenen ersten Jahren bei ihnen noch wenig Verständnis für das gesetzesfreie, auch den Heiden geltende Evangelium erwarten konnte. Andernfalls müßte man ihm – seinen wahren Intentionen zuwider – ein stures, eigensinniges Insistieren auf seiner Privatoffenbarung vor Damaskus unterstellen, mit der allein er dann unter schnöder Verachtung der von den Uraposteln bewahrten Jesusüberlieferung über eineinhalb Jahrzehnte sein missionarisches Wirken bestritten haben müßte. Ärger könnte man ihn nicht mißdeuten.

An der Jerusalemer Urgemeinde und an der Einheit der Kirche aus Juden und Heiden war Paulus sehr wohl gelegen; nichts deutet darauf, daß er jemals so etwas wie isolierte christliche Mysterienzirkel gründen wollte. Das dokumentiert der Apostelkonvent in Jerusalem (ca. 48 n. Chr.), der nach dem ausführlichen Bericht Gal. 2, 1 bis 10, aber auch nach Apg. 15 als das wichtigste Ereignis in der Geschichte des Urchristentums gelten darf. Hier kam die Frage zum Austrag, ob das von Paulus verkündigte gesetzesfreie Evangelium volles Recht in der Kirche haben sollte und die Heiden, ohne sich zuvor durch Übernahme des alttestamentlichen Bundeszeichens der Beschneidung dem jüdischen »Gottesvolk« eingliedern zu lassen, vollgültige Glieder der Kirche sein sollten. Nach einem harten Kampf, von dem Apg. 15 nichts mehr verspüren läßt, hat Paulus hier den Uraposteln ein volles Ja und damit nicht nur als faulen Kompromiß die Anerkennung der heidenchristlichen Gemeinden abgerungen, ohne die Jerusalemer zu »Paulinern« zu machen und ihnen ihren Missionsauftrag unter den Juden zu bestreiten.

Zu den wichtigsten Ergebnissen des Apostelkonventes gehörte nach dem Bericht des Paulus aber auch umgekehrt die Anerkennung der anders gearteten Jerusalemer Urgemeinde seitens der durch Barnabas und Paulus vertretenen heidenchristlichen Gemeinden und damit auch ihr Bekenntnis zur Einheit der Kirche Christi über die gegebenen Unterschiede hinweg. Dies sollte nach Gal. 2, 10 durch eine Spende der Heidenchristen für die Armen in Jerusalem besiegelt werden, deren Sammlung sich Paulus in seinen späteren Missionsgemeinden mit großer Sorgfalt und Eifer angelegen sein ließ. Sie sollte in seiner weiteren Geschichte eine ebenso zeichen- wie schicksalhafte Bedeutung erlangen (s. u. S. 126 ff.).

Der spätere Bericht des Lukas (Apg. 15) hebt diese Jerusalemer Konferenz zwar noch richtig als ein kirchengeschichtliches Ereignis ersten Ranges hervor, aber ist sowohl in der Schilderung ihres Verlaufes wie in der Einschätzung ihrer Ergebnisse unbrauchbar. Von einem Ringen zwischen den Verhandlungspartnern ist keine Rede mehr. Die Frage der Beschneidung gilt von vornherein als längst erledigt und nur noch von einigen engstirnigen Pharisäern nachträglich und unnötig ins Spiel gebracht. Dagegen stehen Petrus (*dieser* als Inaugurator der Heidenmission überhaupt!) und ebenso Jakobus von vornherein auf Barnabas' und Paulus' Seite und halten gut (vulgär-)paulinische Reden. Dem lukanischen Geschichtsbild entsprechend sind sie die maßgeblichen Gestalten (s. o. S. 82 f.).

Zum Schluß erlassen sie einschränkende Direktiven für die Heidenmission in Gestalt des »Aposteldekretes« (15, 19 ff. 23 ff.), demzufolge ein Minimum jüdischer Ritualgebote künftighin auch für übertretende Heiden verbindlich bleiben soll. Das widerspricht eindeutig den eigenen Angaben des Apostels (»sie haben uns keinerlei Auflagen gemacht« Gal. 2, 6) wie auch der späteren Missionspraxis des Paulus. Offenkundig haben wir hier eine spätere, wenn auch relativ liberale Regelung aus judenchristlichen Gemeinden vor uns, von der der wirkliche Paulus noch nichts wußte. Nach dessen fraglos authentischem Bericht bestand das Ergebnis des Konventes in einer uneingeschränkten Freigabe seiner Heilspredigt für die Heiden.

Alle diese historischen Daten und Fakten markieren nicht nur den äußeren Ablauf der Vita des Paulus, sie sind in Wahrheit Geschichte gewordener Glaube. Das zeichnet sich deutlich auch in seinem wohl erst nach dem Apostelkonvent klar konzipierten weltweiten Missionsplan und -weg ab. Seit der sogenannten 2. Missionsreise (nach der lückenhaften Zählung der Apostelgeschichte; den Briefen zufolge hat er erheblich mehr als drei Reisen unternommen), und zwar von seinem ersten Aufenthalt in Galatien ab, muß Paulus bereits Rom und den

Westen des Imperiums als Fernziel in den Blick gefaßt haben. Dafür spricht die gradlinige Durchquerung Kleinasiens (Apg. 16, 8. 10), sein Übergang nach Philippi und Mazedonien und von da ab seine weitere Reiseroute auf der Rom mit dem Osten verbindenden Via Egnatia; diese von Philippi über Thessalonich nach Illyrien (Röm. 15, 19) führende Reichsstraße setzte sich jenseits der Adria in Brindisi bis Rom fort als die berühmte Via Appia. Wohl muß Paulus in den einzelnen Gemeinden, die er unterwegs mit seiner Predigt gründete, einige Zeit länger verweilt haben, als es den Angaben der Acta entspricht. Aber den ungeheuren Plan seiner Mission hat er nicht aus dem Auge gelassen (Röm. 1, 13 ff.; 15, 22 f.), obwohl er durch Verfolgung in Thessalonich von dem eingeschlagenen Weg ins Innere Griechenlands abgedrängt wurde und Jahre vergingen, bis er daran denken konnte, seinen Romplan wieder aufzunehmen (s. u. S. 125 ff.).

Auch hier spiegelt sich in der Geschichte des Apostels sein Glaube und sein Verständnis des Evangeliums wider; der Glaube an Christus als den Herrn und Heilbringer für alle, die Erwartung seiner baldigen Parusie und das unbedingte Zutrauen, daß das Evangelium, einmal verkündigt und zum Lebensinhalt einer Gemeinde geworden, die Kraft hat, weiterzudringen und über die begrenzten einzelnen Ortsgemeinden hinaus ganze Landschaften in die Herrschaft Christi einzubeziehen.

C. Die Briefe des Paulus im Rahmen seiner Geschichte

In die nur ein reichliches halbes Jahrzehnt umfassenden Jahre nach dem überstürzten Aufbruch des Paulus aus Thessalonich (Saloniki) fällt seine bedeutendste missionarische Wirksamkeit in der östlichen, griechischen Reichshälfte. Möglicherweise war sie ihm, seinem ursprünglichen Missionsplan zuwider, durch die äußeren Umstände aufgezwungen (s. o. S. 107), aber er hat diese Zeit intensiv genutzt. In sie fällt auch die Abfassung aller von ihm selbst stammenden Briefe. Sie sind ganz verschiedener Art und zeigen, wie sehr der Apostel das ihm aufgetragene Evangelium je nach der Situation seiner Gemeinden variiert, aktualisiert und nach vielerlei Richtungen gedanklich entfaltet hat.

a) Der früheste Brief – das älteste schriftliche Dokument im Neuen Testament überhaupt – ist der *Erste Thessalonicherbrief*, geschrieben bald nach dem Eintreffen des Apostels in Korinth (Frühjahr 50). Noch liegen die verheißungsvollen Anfänge der heidenchristlichen Gemeinde, an die Paulus dankbar erinnert (1, 2–2, 14), erst kurz zurück, aber auch die ersten Anfeindungen von heidnischer Seite, die Paulus – wie zuvor schon in Philippi (2, 2) – zur Flucht gezwungen hatten (Apg. 17, 5 ff.). So hat er in Besorgnis um die Gemeinde von Athen aus seinen Mitarbeiter zu ihrer Stärkung zurückgesandt, inzwischen aber in Korinth von dem Zurückgekehrten gute Nachricht erhalten, aber auch von Fragen gehört, die die Thessalonicher umtreiben. Der Tod einiger Gemeindeglieder hat in ihnen die Sorge wachgerufen, die vor der verheißenen nahen Parusie des Herrn Entschlafenen könnten von dem endzeitlichen Heil ausgeschlossen sein. Das Aufkommen solcher Befürchtung zeigt, wie realistisch der Apostel selbst von der Nähe der Wiederkunft Christi geredet haben muß, so daß der Gedanke an Tod und Auferstehung der Glaubenden für die Hörer noch gar nicht in den Blick kam. So muß Paulus hier zum erstenmal auf diese Frage Antwort geben. Sie enthält höchst seltsam-drastische apokalyptische Vorstellungen von Weltende und Parusie, aber versucht nur die Konsequenz zu ziehen aus der Botschaft der Auferstehung Christi. Keiner der im Glauben Entschlafenen oder Überlebenden wird verlorengehen; auferstanden oder verwandelt werden sie miteinander den vom Himmel kommenden Herrn »einholen« (4, 13 ff.). Die Frage von Tod oder Leben wird damit bedeutungslos. Aber auch die unbeantwortbare Frage nach Zeit und Stunde der Parusie wird relativ. Dringlich ist allein die Bewährung der Glaubenden als Kinder des »Tages« und des »Lichtes«, »ob wir wachen oder schlafen« (das heißt lebendig oder tot sind), und die gewisse Hoffnung, daß wir ewig bei dem Herrn sein werden (5, 1 ff.). Im Ersten Korintherbrief hat Paulus diese Gedanken lehrhaft ausgeführt. Sein frühester Brief nach Thessalonich ist noch in keiner Weise ein eigentliches Lehrschreiben, enthält auch keine ausdrücklichen Anklänge an seine Rechtfertigungslehre. Die Befestigung der Gemeinde in ihrer ursprünglichen Abkehr von den heidnischen Götzen zum lebendigen, wahren Gott und zu dem durch Jesus eröffneten Heil (1, 10; 4, 11 ff.; 5, 9) bestimmt seinen Inhalt.

Der *Zweite Thessalonicherbrief* wird von vielen Forschern heute mit Recht einem Späteren, nicht Paulus selbst zugeschrieben, weil er über große Partien, so könnte man sagen, allzu »paulinisch« ist, soll in diesem Fall heißen: für Paulus selbst ganz ungewöhnlich bis in Wortwahl und geringfügige Wendungen hinein dem Ersten nachgebildet ist, mit anderen Worten: seine literarische Benutzung voraussetzt. Allerdings mit einer Absicht, die in dieser Weise sich in dem ersten Brief noch nicht erkennen läßt, nämlich die Naherwartung überhaupt als eine schwärmerische Irrlehre abzuwehren, bei der man sich zu Unrecht auf den Apostel und angebliche Briefe von ihm beruft. Darum werden in einem breiten Abschnitt, der in den unbestritten echten Paulusbriefen nicht seinesgleichen hat, in langer Kette gleichsam fahrplanmäßig die apokalyptischen Weltereignisse aufgezählt, die der Wiederkunft Christi zum Gericht erst vorausgehen müssen (2, 1 ff.). So sprechen ebenso die engen Beziehungen der beiden Briefe zueinander wie ihre Differenzen dafür, daß hier ein späterer Nachahmer des Paulus unter Inanspruchnahme seiner apostolischen Autorität diesen zweiten Brief abgefaßt hat.

b) Erst etliche Jahre nach Gründung der Gemeinde in Korinth und des Paulus Abschied von ihr sind seine nächsten Briefe geschrieben, und zwar wahrscheinlich fast alle während seines zwei- bis dreijährigen Aufenthaltes in Ephesus (Apg. 19, 8 ff.; 20, 31; ca. 52—55 n. Chr.). Dazu gehört vor allem die intensive, über einen längeren Zeitraum sich erstreckende Korrespondenz mit den Korinthern. Sie liegt uns sicher nicht ganz vollständig in den beiden kanonischen *Korintherbriefen* vor, hier aber wohl erst von einem späteren Sammler aus einem ganzen Briefbündel zu zwei großen Briefen zusammengestellt. Das gilt möglicherweise schon für den ersten, mit größerer Sicherheit jedenfalls für den zweiten. Einen bereits vorangegangenen Brief erwähnt Paulus selbst (1. Kor. 5, 9); ob aus diesem einige Stücke später in unseren 1. Kor. aufgenommen worden sind, ist umstritten. Auch 2. Kor. 2, 4 ff.; 7, 8 nehmen Bezug auf einen in tiefster Besorgnis um die Gemeinde geschriebenen Zwischenbrief, dessen wichtigster Teil höchstwahrscheinlich, wenn auch zeitlich falsch eingeordnet, in 2. Kor. 10—13 erhalten geblieben ist. An ihrem jetzigen Platz können diese Kapitel unmöglich ursprünglich gestanden haben, weil sie mitten in eine aufs äußerste erregte Auseinandersetzung mit den von eingedrungenen Irrlehrern zu Rebellion und Abfall verführten Korinthern hineinführen, während in den Kapiteln 1/2 und 7 in bewegten Worten von der Beilegung dieses Konfliktes die Rede ist. Einmal auf solche Nähte und Sprünge aufmerksam geworden, die deutlich sehr verschiedene Situationen und nicht nur unterschiedliche Stimmungen und Schwankungen des Temperaments auf seiten des Apostels widerspiegeln, entdeckt man auch in den ersten 9 Kapiteln bei genauerem Zusehen noch weitere mehr oder weniger umfangreiche Brieffragmente. Ihre jetzige Anordnung ist sichtlich in einer Zeit zustande gekommen, als man sie zu einem größeren apostolischen Lehrschreiben für einen weiteren Kreis von Gemeinden zusammenstellte.

Wie kaum ein anderes Dokument im Neuen Testament geben die Korintherbriefe einen überaus reichhaltigen Einblick in Wachstum und Gefährdung dieser paulinischen Missionsgemeinde, und zwar aus der Zeit nach dem Weggang des Apostels, über die sich bei Lukas keine Nachrichten erhalten haben. Das Bild dieser Gemeinde ist freilich bei aller Vielfalt ihrer Entwicklungskräfte alles andere als ideal. Ihr Reichtum ist zu ihrer Gefahr geworden.

Schon im *Ersten Korintherbrief* hören wir von Parteiungen, innergemeindlichen Konflikten (1—4), sittlichen Mißständen (5—6), einem exzessiven Mißbrauch christlicher Freiheit und christlichen Glaubens (8—10) und dementsprechend verworrenen Zuständen zumal in den gottesdienstlichen Versammlungen der Gemeinde (11 bis 14).

Wie begegnet Paulus allen diesen Erscheinungen? Auf alle Fälle mit einer erstaunlichen Energie und Sorgfalt, aber ebenso deutlich nicht gesetzlich-kasuistisch. Obwohl er scharf zupackt, nimmt er die Gemeinde doch nicht einfach mit Kommandorufen an die Kandare und rezitiert nicht bloße Glaubenssätze wider die Irrlehre. Vielmehr bespricht er mit der Gemeinde die verschiedensten Einzelerscheinungen und Fragen, von denen er durch Boten aus Korinth oder anderweitig Nachricht bekommen hat, auf das hin, was grundlegend, entscheidend, unaufgebbar wichtig ist, und führt sie so zum Glauben und einem aus dem Glauben gestalteten Leben im Miteinander zurück. Trotz der zunächst verwirrenden Fülle disparater Einzelfragen ist schon der Erste Korintherbrief in diesem Sinn von großen einheitlichen Themen durchzogen, die den jeweiligen konkreten Anlaß weit übergreifen.

Das zeigt bereits die Behandlung der korinthischen Parteien, deren jede sich exklusiv auf einen großen Führer oder gar Christus selbst berief: Paulus, Apollos, Kephas, Christus (1, 12)! Ohne alle diese Parolen im einzelnen zu diskutieren, stellt Paulus sofort heraus, was in allen diesen rivalisierenden Gruppen, seine eigenen Anhänger eingeschlossen, gleichermaßen ein Unding ist: die Zerreißung des einen Leibes Christi und die Verleugnung seines Kreuzes. Wie auch immer theologisch firmiert, dokumentiert sich in jeder Gruppe der Drang zur Selbstbehauptung und Selbstdarstellung und damit der eigenen »Weisheit«, die Gott durch das »Wort vom Kreuz«, ein Skandal für die Juden, ein Unsinn für die Griechen, zur Narrheit gemacht hat. Dieses Nein Gottes zur Weisheit und Vermessenheit des Menschen erklingt schneidend scharf, aber spricht zuerst und zuletzt den Heilswillen Gottes aus, der die Welt nicht ihrer Selbstverfallenheit überläßt. Damit sind die Maßstäbe gesetzt auch für die Einschätzung jeglicher Arbeit in der Gemeinde und wird dieser die ihr durch Christus eröffnete Freiheit zugesprochen (3, 21 ff.). Als Befreite aber sind die Glaubenden Christi Eigentum. Diese Freiheit ist für Paulus nicht wie für die Stoiker seiner Zeit eine allgemeine Wesensbestimmung des Menschen, die er durch Vernunft und Weisheit selbst zu realisieren vermag, vielmehr ein Wunder: das neue Leben aus der befreienden Gnade Gottes. Mitten in der Welt sind die Glaubenden ihr darum entnommen (6, 11. 19 f.). Wiederholt kann Paulus fast wortgleich wie die heidnischen Philosophen Epiktet oder Seneca reden, als ob auch ihm nichts anderes vorschwebte als das Ideal des wahren Weisen, der sich nicht von Lebensumständen und eigenen Begierden in den Bann ziehen läßt und in widrigen Schicksalen Sieger bleibt. Aber die Motivation ist hier und da eine völlig andere und damit zugleich der Sinn dieser Freiheit: Der stoische Weise dünkt sich frei, sofern er, fest in sich

selbst, die Verfügungsgewalt über sich keinem anderen einräumt; nach Paulus dagegen ist der Mensch unfrei, solange er über sich selbst verfügen will und nicht Christus als seinen Herrn anerkennt. Damit hängt engstens zusammen, daß die Freiheit für ihn überhaupt nicht eine ideale Möglichkeit, sondern eine gnadenhafte Wirklichkeit ist, gleichbedeutend mit dem Geschehen der Erlösung, von dem der Christ herkommt, aus dem er lebt und das er nicht erst verwirklichen muß, sondern zu bewahren und zu bewähren gerufen ist: in der Zucht gegenüber den sexuellen Trieben (5, 1 ff.; 6, 12 ff.), im Verzicht auf das eigene Recht (6, 1 ff.), im ehelichen Leben wie im religiösen und sozialen Miteinander (7, 1 ff. 17 ff.), in der Erwartung des in Bälde kommenden Herrn (7, 29 ff.).
Auch die korinthischen Schwärmer verstanden sich nicht einfach als stoische Weise, sondern als Christen und begründeten ihre Freiheit »religiös«. Der Welt, aber auch den simplen übrigen Christen in der Gemeinde überlegen, wußten sie sich als »vollendet«, im Besitz der tiefsten Offenbarungserkenntnis und als die vom Geiste Gottes Erfüllten und zur rücksichtslosen Demonstration dieser ihrer Freiheit vor den anderen bevollmächtigt. In diesem Sinne »Gnostiker« (8, 1), haben sie Paulus damit selbst Parolen geliefert, die auch er ihnen nicht einfach bestreiten kann (2, 6 ff.; 8–10) und doch radikal anders verstand. »Alles ist mir erlaubt« (6, 12; 10, 23) – das konnte auch Paulus sagen. Für jene aber hieß das: Nichts kann mein wahres, göttliches Ich tangieren. Diese »Freiheit« praktizierten sie entsprechend bedenkenlos auch und gerade in ihrem sexuellen, kultischen und sozialen Verhalten, unbekümmert auch gegenüber dem Mitbru-

der in der Gemeinde. Paulus dagegen mißt die Freiheit der Christen allein an dem, was dem anderen dienlich ist und die Gemeinde auferbaut. Freiheit bedeutet darum für ihn nicht einfach: mein Recht. Ihre Kraft und Vollmacht erweist sich vielmehr auch und gerade darin, von ihr keinen Gebrauch zu machen, wenn Leben und Heil der anderen auf dem Spiel stehen (8—10).

Welche Verwirrung die mißverstandene Freiheit in Korinth angerichtet hatte, manifestierte sich vor allem in ihren turbulenten Gottesdiensten, deren Mißstände Paulus in 11—14 geißelt. Hier gibt er sehr bestimmte, kritische und positive Weisungen: für das Herrenmahl (11, 19 ff.), für die Gemeinde als den einen Leib des Herrn in der Mannigfaltigkeit und wechselseitigen Zuordnung ihrer Glieder (12), über die geistgewirkten Gaben in ihr (14) und die Liebe, die mehr ist als alles andere (13). Gemeinsam ist den Weisungen, daß Paulus nirgends bemüht ist, erschrocken über die mannigfaltigen Auswüchse die Geistesäußerungen in der Gemeinde generell zu verbieten oder auf ein erträgliches Mittelmaß zu domestizieren. Wohl aber lenkt er den wild ausgeuferten Sturzbach der Geisterfahrungen entschlossen in das Strombett der Verantwortung für den anderen.

Auch das große 15. Kapitel über die von den korinthischen Enthusiasten geleugnete Auferstehung der Toten will von hier aus verstanden sein. So fremdartig und zeitgebunden seine Argumentation im einzelnen sein mag, ist doch ihr leitendes Motiv eindeutig. Gegenüber einer enthusiastischen Schwärmerei, die unter Überspringung der irdisch-geschichtlichen Existenz der Christen schon die Vollendung proklamiert, ruft Paulus die Gemeinde in das Noch-Nicht ihres zeitlichen Daseins zurück und gibt ihr so die Hoffnung auf die Zukunft Gottes.

Von früh an und noch über lange Zeit hatte sich der urchristliche Glaube der sogenannten *Gnosis* zu erwehren. Die Briefe des Paulus nach Korinth sind dafür die ältesten Dokumente. Aber auch in zahlreichen anderen Schriften des Neuen Testaments (Johannesevangelium, 1. Johannesbrief, Offenbarung Johannes, Pastoral- und katholische Briefe, Hebräerbrief) sowie in der späteren Literatur der Alten Kirche hat die Auseinandersetzung mit diesem gefährlichen Gegner, der geradezu zur Häresie par exellence werden sollte, seinen Niederschlag gefunden. Diese Gnosis ist ein sehr schillerndes Phänomen der Religionsmischung im Zeitalter der orientalisch-hellenistischen Kultur. In ihr spiegelt sich die Überalterung der klassischen, polis-gebundenen Religionen wie das Aufkommen eines tiefen Weltüberdrusses, der Lebensangst des einzelnen und eines begierigen Verlangens nach einer jenseitigen Welt.

Ihre Erscheinungsform war nicht die einer selbständigen Religion mit einheitlicher Lehre und gesonderten Kultgemeinden, vielmehr die einer religiösen Strömung innerhalb sehr verschiedener alter und vor allem neuer Religionen, gleich ob heidnischer, jüdischer oder christlicher Provenienz. Doch liegt der einheitlich gnostische Zug in allen diesen Spielarten in der Umdeutung und Auswertung der hier und da und dort begegnenden Offenbarungen, Lehren und Riten auf die Erlösungssehnsucht der von jener Bewegung Ergriffenen.

So zeichnen sich trotz aller mannigfaltigen Ausprägungen in ihr doch bestimmte charakteristische Merkmale ab. Zu ihnen gehört ein radikal dualistisches Verständnis der Welt als der von den Finsternismächten regierten Sphäre des Verderbens. In ihr versteht der »Gnostiker« sich als ein Fremdling, tragisch aus der himmlischen Lichtwelt in sie verirrt und gebannt, aber nun durch die »Offenbarung« an den Ursprung seiner eigenen göttlichen Existenz erinnert und durch die »Erkenntnis« (Gnosis) des eigenen Selbst der bösen Welt schon entnommen und der jenseitig himmlischen Natur teilhaftig. Welche gnostischen Gedanken, Mythen und Spekulationen bereits in der korinthischen Gemeinde zur Zeit des Paulus Eingang gefunden hatten, ist nicht mehr sicher auszumachen und auch nicht von entscheidendem Belang. Tendenzen dieser Art, wenn auch wohl noch nicht spekulativ ausgebildet, sind jedenfalls in dem »Weisheits«- und »Erkenntnis«-Dünkel der Gegner, ihrer Verachtung der Kreuzesbotschaft, ihrer schwärmerisch-pneumatischen Freiheits- und Vollendungstrunkenheit und ihrem elitären Selbstbewußtsein gegenüber den »unmündigen« Brüdern in der Gemeinde allenthalben zu erkennen. Dem tritt Paulus entschlossen entgegen, indem er alle enthusiastischen Äußerungen des »Geistes« an dem Kreuze Christi mißt, die ausschweifende Mißachtung der Schöpfung Gottes seitens der Gegner nicht hingehen läßt, die Verantwortung für den anderen über die Freiheit stellt und so die Schwärmer in ihre irdisch-menschliche Zeitlichkeit zurückweist.

Die im sogenannten *Zweiten Korintherbrief* zusammengestellten Fragmente führen in eine etwas spätere Zeit, als neue Wanderapostel und Irrgeister in die ohnehin schon anfällige Gemeinde eingedrungen waren und sie gegen Paulus und sein Evangelium aufgewiegelt hatten (s. o. S. 111). Liest man die noch einigermaßen deutlich abgrenzbaren Einzelstücke des »Briefes« in anderer Reihenfolge und nicht, wie sie im Kanon stehen, als ein zusammenhängendes Schreiben, so geben sie erst eigentlich einen Eindruck von einem sich allmählich vorbereitenden, bald aufs äußerste zugespitzten, aber endlich durch leidenschaftliche Bemühungen des Apostels und seiner Mitarbeiter zur völligen Aussöhnung geführten erregenden Kampfes. Nach dieser in der gegenwärtigen Forschung noch umstrittenen, aber, wie ich meine, überzeugenden veränderten zeitlichen und sachlichen Anordnung ist das Fragment 2, 14—7, 4 an den Anfang zu stellen. Ebenso wie der Erste Korintherbrief (16, 8) wohl von Ephesus aus geschrieben, zeigt dieses Briefstück, daß Paulus von den neuerlichen Umtrieben in Korinth gehört und auch schon ein recht deutliches Bild davon erhalten hat, womit jene Eindringlinge die Gemeinde fasziniert und gegen den Apostel aufgebracht haben. Christus war für sie eine Art Macht-Gottheit in Konkurrenz mit anderen zeitgenössischen Göttern, dessen göttliche Wundermacht sie als seine Sendboten mit »Zeichen und Wundern« zu demonstrieren bemüht waren. Daß dieses nach heidnischem Modell geprägte Christus- und Apostelbild auf die frühe hellenistische Jesusüberlieferung und die vulgär-christliche Mission einen nicht geringen Einfluß geübt hat, steht außer Frage. Es hat seine deutlichen Spuren schon in den Evangelien (s. o. S. 56 ff.), stärker noch in der Apostelgeschichte und vollends in der späteren apokryphen Literatur hinterlassen. Das Evangelium des Paulus und sein eigenes Auftreten und Wirken war dem stracks zuwider. Das haben die neuen »Apostel« offenbar sofort gewittert und erkannt und darum seine Legitimation und Autorität untergraben.

Paulus muß sich deshalb schon in dem genannten Briefteil verteidigen und gegen die Verfälscher des Evangeliums, die sich mit Empfehlungen von auswärts eingeführt haben und gegen Bezahlung für ihre Demonstrationen die Christusbotschaft »verhökerten« (2, 17), kräftig polemisieren. Doch glaubte er anfangs, wie aus der Tonart des Schreibens zu ersehen, seiner Gemeinde noch leidlich sicher zu sein.
Wie sehr die Wühlarbeit der Gegner bis an die Wurzel gedrungen war, zeigt erst ein unvermittelter Zwischenbesuch, zu dem Paulus sich jäh entschloß, ein furchtbarer Zusammenstoß, der sich dabei ereignete und den Apostel nötigte, die Gemeinde sehr schnell wieder zu verlassen (2, 5; 7, 12), und der wieder von Ephesus geschriebene »Schmerzensbrief« (2, 4; 7, 8). Kapitel 10 bis 13, die diesem zuzurechnen sind, zeigen, wie vereinsamt, aber unerbittlich in der Sache, mit allen Registern – von der Beschwörung bis zur bittersten Ironie einer Narrenrede – der Apostel in dieser Phase des Streites fast auf verlorenem Posten kämpfen mußte. Doch haben dieser Brief und der persönliche Einsatz des zugleich von Paulus entsandten Titus ihre Wirkung nicht verfehlt. Dieser ist, sehnlichst erwartet, einige Zeit danach zu dem ihm von Ephesus nach Mazedonien entgegengereisten Paulus mit beglückender Nachricht zurückgekehrt, die Korinther sind zur Einsicht gekommen und können sich nicht genug tun, ihrem geschmähten Apostel alle erdenklichen Beweise ihrer Zuneigung zu geben (Versöhnungsbrief 1,1–2,13; 7, 5 ff.; ca. 55 von Mazedonien aus).
Was sich in diesem bewegenden Drama, von dem die Apostelgeschichte nichts mehr weiß, abgespielt hat, ist mehr und anderes als ein menschlich-allzumenschliches

Schauspiel persönlicher Rivalität mit allen unerfreulichen Begleiterscheinungen der Verleumdung auf der einen und der ehrgeizigen Gekränktheit auf der anderen Seite, die uns herzlich gleichgültig sein könnte. Seine eigene Person hat Paulus mehr als einmal völlig in den Schatten gestellt (vgl. Phil. 1, 12 ff.). Auch seine »Amtswürde« als Apostel war für ihn kein Tabu. Hier aber stand zugleich mit seinem Apostolat das Evangelium selbst auf dem Spiel. Die Anfechtung seiner Legitimation und Verkündigung richtete sich in Wahrheit auf die Sache, den Gekreuzigten und Auferstandenen selbst, und damit auf Heil und Verderben in einem letzten Sinn (2, 15 ff. u. a.); mit 5, 17 ff. zu sprechen: auf die in Christus geschehene Gottestat der Versöhnung. Dieses Evangelium war für Paulus nicht eine so oder so variable, manipulierbare theologische Lehre, sondern eine Wirklichkeit, die sich auch und gerade in Wort und Leidensgeschick des Apostels, nicht in stupenden, exzeptionellen Kraftdemonstrationen eines göttlichen Wundertäters offenbarte. Der Kampf um den Apostolat, das einheitliche Thema des Zweiten Korintherbriefes in allen seinen Teilen, nicht einmal ausgenommen die beiden Kollektenkapitel 8 und 9 (über sie S. 126 ff.), ist darum ein einziger Kampf für das Evangelium selbst. In diesem Sinne ist das Paulus zuteilgewordene Herrenwort: »Meine Gnade ist genug für dich, denn die Kraft vollendet sich in Schwachheit« (12, 9) mehr als ein nur an ihn gerichteter Zuspruch; es faßt die Heilsbotschaft im ganzen zusammen.

c) In die Zeit seines Ephesus-Aufenthaltes fallen wahrscheinlich auch die Briefe des Paulus an die *Galater* und die *Philipper* sowie der früher erwähnte *Philemonbrief* (s. o. S. 92). Von der höchst intensiven und weitgreifenden Wirksamkeit des Paulus in der berühmten kleinasiatischen Metropole (ca. 52—55), aber auch von seinen dort erlittenen Nöten geben wieder die wenn auch imposanten Berichte der Apostelgeschichte ein unzureichendes Bild. Man vergleiche damit nur seine eigene lange Aufzählung der sicher überwiegend in diese Zeit fallenden Reisen, Mühsale, Entbehrungen und Verfolgungen in 2. Kor. 11, 23—33 — eine Liste seiner »Heldentaten«, die er den Prahlereien der korinthischen Gegner entgegenstellt! In diesen Zusammenhang gehört auch der an die Galater gerichtete Kampfbrief, auch dieser wie die Briefe nach Korinth veranlaßt durch »christliche« Wanderprediger, aber mit einer andersgearteten Irrlehre judaistischer Observanz. Entgegen dem paulinischen Evangelium besagte diese, wahres Christsein verpflichte zur Übernahme der Beschneidung, das heißt zur Eingliederung in das privilegierte jüdische Gottesvolk, und zur Innehaltung des Gesetzes, in Analogie zu den von jüdischen Missionaren an übertretende Heiden (Proselyten) gestellten Forderungen. Unter fälschlicher Berufung auf die Jerusalemer Urapostel griffen auch diese Irrlehrer die willkürlich verstümmelte Botschaft des Paulus an und fanden dabei offene Ohren. Vom Standpunkt ihrer Hörer aus gesehen erschienen also diese neuen Prediger als die legitimen, wahrhaft radikalen und Paulus als der faule Kompromißler — nicht umgekehrt. In dieser Front hat Paulus erstmals im Galaterbrief seine Lehre vom Gesetz und von der Rechtfertigung aus Glauben allein in großen Umrissen entfaltet. Das Schreiben rückt damit in die Nähe des Römerbriefes.

Persönlicher, weniger lehrhaft ist der Brief an die *Philipper* gehalten, auch er wahrscheinlich eine Sammlung mehrerer kurzer Briefe, von Paulus aus der Gefangenschaft an die ihm besonders vertraute Gemeinde gerichtet. Der lebhafte Austausch zwischen dem Gefangenen und den Adressaten, der überall in dem »Brief« vorausgesetzt ist, spricht dafür, daß Paulus vorübergehend in dem relativ nahen Ephesus inhaftiert war und von hier aus schreibt (nicht Rom oder Caesarea). Zwar weiß der auch sonst lückenhafte lukanische Bericht nichts von einer solchen Gefangenschaft, aber einige Stellen der Korintherkorrespondenz (1. Kor. 15, 32; 2. Kor. 1, 8 f.) deuten auf sie hin. Trotz der bedrängten Situation und des ungewissen Ausgangs des Paulus bevorstehenden Prozesses (Phil. 1, 19 ff.) ist der Brief in allen seinen Teilen auf den Ton der Freude gestimmt (1, 18; 2, 27 f.; 3, 1; 4, 4. 10). Doch enthält auch er eine scharfe Warnung vor judaistisch-gnostischen Irrlehrern (3, 2 ff.) und ist damit eines der wichtigsten Dokumente seiner Rechtfertigungslehre.

d) Ihre reifste Darstellung hat diese Lehre jedoch erst im *Römerbrief* gefunden. Dieser große, bedeutende, auch in der Geschichte der Kirche am wirksamsten gewordene Brief nimmt unter allen anderen eine Sonderstellung ein. Im Unterschied zu ihnen ist er an eine nicht von Paulus, sondern von unbekannten Christen schon in frühester Zeit gegründete, ihm unbekannte Gemeinde gerichtet. Vor allem aber unterscheidet sich der Brief dadurch von den übrigen, daß er sich fast nirgends auf konkrete Nachrichten, Erfahrungen und Probleme der Adressaten bezieht. Statt dessen macht er den Eindruck eines ausführlichen, wohl disponierten »Kompendiums der christlichen Lehre« (Melanchthon) von zeitlos-allgemeiner, an keine spezielle Situation gebundener Gültigkeit. Viele Themen und Gedanken des Briefes begegnen verstreut schon in den kurz zuvor an die Korinther, Galater und Philipper gerichteten Briefen, dort aber überall verflochten mit Äußerungen und Weisungen des Apostels zu bestimmten Vorgängen, Fragen, Wegen und Irrwegen dieser oder jener Gemeinde oder auch veranlaßt durch christliche Irrlehrer, die hier und dort ihr Unwesen trieben und das paulinische Evangelium angriffen. Von alledem verlautet im Brief an die Römer nichts mehr. Um so mehr werden hier die Grundgedanken der Rechtfertigungslehre in ihren inneren Bezügen und Konsequenzen weiter durchdacht, genauer begründet und in einen großen Zusammenhang gebracht, während sie zuvor oft nur bruchstückhaft auftauchen. So ist der Römerbrief mit Recht die Magna Charta der Theologie des Apostels geworden.

Zwar ist auch er nicht ein vollständiges System seiner Lehre; so ist zum Beispiel vom Abendmahl (1. Kor. 10/11) nirgends die Rede, auch die breiten Ausführungen über die Auferstehung der Toten und die Parusie des Herrn (1. Kor. 15) haben in ihm kein Gegenstück. Doch ist die Fülle der Einzelthemen erstaunlich. Um hier nur das Wichtigste in Stichworten zu nennen: die programmatische Formulierung des Evangeliums gleich im Eingang (1, 16 f.); die breiten, erregenden Ausführungen über die Verlorenheit aller Menschen, Juden und Heiden, unter dem Schuldspruch des Gesetzes (1, 18—3, 20, vgl. schon Gal. 3/4; 1. Kor. 1, 21 u. a.); die Gegenüberstellung von Adams Fall als Anfang und Ursprung des über der ganzen Menschheit liegenden Schuld- und Todesverhängnisses und Christus als dem Haupt einer neuen, erlösten Menschheit (Röm. 5, 12 ff., vgl. 1. Kor. 15, 21. 45); die durch Christi Opfertod geschehene Rechtfertigung der Glaubenden und die Darstellung Abrahams als Vater und Prototyp eines neuen, befreiten Gottesvolkes (Röm. 3/4, vgl. Gal. 3/4); Taufe und neues Leben (Röm. 6, vgl. Gal. 3, 27 f.); die Sendung des Gottessohnes und die Gewißheit derer, die kraft seines Geistes zur Sohnschaft berufen sind (Röm. 8, vgl. Gal. 4); die Gemeinde der eine Leib Christi in der Vielfalt seiner Glieder (Röm. 12, 3 ff., vgl. 1. Kor. 12); die »Starken« und »Schwachen« in ihr – wider Rücksichtslosigkeit und Rivalität im Gemeindeleben (Röm. 14–15, vgl. 1. Kor. 8–10).

Alle diese Motive und Themen sind durch die früheren Briefe bereits vorbereitet, viele von ihnen in harten Kämpfen um das Evangelium dringlich geworden, hier aber im Römerbrief in ihrer grundsätzlichen, alle umgreifenden Bedeutung entfaltet. Den umfassenden, weltweiten Dimensionen der Gedanken des Briefes, in dem nicht zufällig auch zum erstenmal die Missionspläne des Apostels in ihrem ungeheuren Ausmaß (Rom, Spanien) klar ausgesprochen werden, entspricht aber zugleich eine so nur in diesem Schreiben begegnende Intensität, mit der Paulus die Situation des Menschen überhaupt durchreflektiert. Kein anderer Brief ist so ergiebig und aufschlußreich für die paulinische Anthropologie, das heißt sein Verständnis des Menschen als Gottes Geschöpf inmitten der Welt: der Mensch als leibhaftiges, mit Herz, Geist, Gewissen, Vernunft geschaffenes Wesen vor Gott, aber gerade so aufsässig gegen seinen Schöpfer, auffahrend in seinem beständigen Drang zur Selbstbehauptung (Sünde), auch und gerade in seinem »religiösen« Gebaren; der Mensch in allen seinen vom »Fleisch«, das heißt von dem vitalen Begehren nach Selbstverwirklichung geleiteten Verhalten und eben darin ein verkaufter Sklave, im Bann der Verderbensmächte, als Lebenwollender ein Kind des Todes, todesträchtig in seiner Lebensgier. Nirgends sonst wird in den Briefen, auch nirgends in der antiken, griechischen oder jüdischen Literatur, diese Situation des ausgelieferten Menschen in seinem Widerspruch so eindringlich geschildert wie in Röm. 7, 7–25. Aber auch nirgends wird so mächtig von der befreienden Kraft der Gnade und dem neuen Leben aus dem Glauben gesprochen wie in diesem Brief, bis in die konkreten Fragen der alltäglichen Praxis (Kap. 12–15), wenngleich viele bedeutende Aussagen aus den vorher verfaßten in ihm konvergieren, unbeschadet aller Variationen in Sprache und Denkweise, in denen sie zuvor je nach Art ihrer mehr von heidnischer oder jüdischer Tradition geprägten Leser formuliert waren.

Im Römer-, Galater-, Philipperbrief ist es vor allem die im Gegenüber zum jüdischen Heilsverständnis geprägte Sprache der Rechtfertigungslehre, aber so übersetzt und ausgeweitet, daß auch die Heidenchristen sie verstehen und sich mit einbezogen wissen konnten. Paulus konnte sie darum auch den überwiegend heidenchristlichen Römern zumuten.

Warum aber schreibt er den Brief und gerade an die Römer? Obwohl das lehrhafte Schreiben auf konkrete Gemeindefragen in Rom kaum Bezug nimmt – einzige Ausnahme der Konflikt zwischen »Starken« und »Schwachen« Röm. 14/15, der sichtlich nach dem Modell von

1. Kor. 8—10 behandelt wird —, hat auch dieser wie alle anderen Briefe einen Anlaß. Das zeigen einige Sätze aus Röm. 15, 14—33, die man leicht als briefübliche »Mitteilungen« und »Reisepläne« überliest. Vor seinem längst geplanten, aber immer wieder verhinderten Aufbruch zu seinem neuen Arbeitsfeld im Westen nach Abschluß seiner Mission in der östlichen Reichshälfte muß Paulus zuvor noch eine in seinen Gemeinden für Jerusalem gesammelte Kollekte dorthin überbringen — eine, wie er selbst ausspricht, für ihn gefährliche Unternehmung, deren Ausgang völlig ungewiß war. Er rechnet mit Verfolgung von seiten der Juden. Das ist nur allzu verständlich, denn er war für das Jerusalemer wie für das Diaspora-Judentum inzwischen zu einem verrufenen Gesetzesfeind und Gotteslästerer geworden.
Merkwürdigerweise aber befürchtet er auch Widerstände seitens der Urgemeinde, die die schon auf dem Apostelkonvent 6—7 Jahre zuvor beschlossene und von Paulus mit Eifer und Erfolg (1. Kor. 16, 3 f.; 2. Kor. 8/9) gesammelte Kollekte möglicherweise zurückweisen werde. Das deutet darauf, daß diese Sammlung keineswegs nur zur Linderung wirtschaftlicher und sozialer Nöte bestimmt war. Wie hätten die »Armen« in Jerusalem sie dann nicht annehmen sollen? In Wahrheit sollte durch sie die Einheit der Kirche aus Juden und Heiden bekundet und damit die Rechtmäßigkeit des von Paulus verkündeten gesetzesfreien Evangeliums manifestiert werden. Das aber war zur Zeit der Abfassung des Römerbriefes für die Jerusalemer Urgemeinde längst nicht mehr selbstverständlich. Seit dem Apostelkonvent unter der Leitung des streng judenchristlichen Herrenbruders Jakobus (Gal. 2, 11 ff.), durch Zustrom von Juden grö-

ßer geworden und nach jüdischer Art verfaßt, auch durch Konflikte (Apg. 12, 1 ff.) mit dem nichtchristlichen offiziellen Judentum zunehmend bedrängt, die eigene Treue gegenüber Gesetz und Tradition unter Beweis zu stellen, war die palästinische Urgemeinde nicht mehr ohne weiteres gewillt, die inzwischen ebenfalls beträchtlich angewachsenen heidenchristlichen Gemeinden des Paulus als gleichberechtigt anzusehen und seine weitere Mission bedingungslos zu tolerieren. Darum mußte Paulus darauf gefaßt sein, daß die Jerusalemer sich nicht durch Annehmen der Kollekte auf eine solche Demonstration der Einheit der Kirche aus Juden und Heiden einlassen würden. Die dem lukanischen Bericht (Apg. 21, 15 ff.) zugrundeliegenden Nachrichten lassen die veränderte, gespannte Situation, in der um die alte Frage Judentum-Christentum, altes oder neues Heilsverständnis, gerungen werden mußte, noch hinreichend deutlich erkennen. Freilich muß man sie auch hier wieder kritisch aus dem späteren Geschichtsbild des Verfassers der Acta lösen. Dieser weiß jedoch noch etwas von der letzten Jerusalemreise des Paulus, nennt sogar seine Begleiter (20, 4) und berichtet durchaus glaubwürdige Einzelheiten von den näheren Umständen und Stationen. Aber von der Kollekte hat er nur noch etwas läuten hören, weiß nicht mehr, daß sie überhaupt der Anlaß der Reise war, und deutet sie an einer vereinzelten und beiläufigen Stelle (24, 17) notorisch falsch, geradezu als persönliche Spende des Paulus für sein jüdisches Volk, also als Beweis seiner Gesetzestreue.

Versteht man sie jedoch nach Röm. 15, 25 ff.; 2. Kor. 8 und 9 in jenem anderen Sinn, so wird verständlich, warum Paulus die Überbringung der Kollekte nicht anderen

Gemeindegliedern überlassen konnte (1. Kor. 16, 3 f.), um sich von Korinth aus unverzüglich seinem neuen Arbeitsfeld im Westen zuzuwenden. Er mußte darauf gerüstet sein, das gesetzesfreie Evangelium für die Heiden wie einst auf dem Konvent, diesmal jedoch unter äußerlich und innerlich erschwerten Bedingungen zu verteidigen und zu begründen.

Nach wie vor lag ihm alles an dem festen Band zwischen der schon gewachsenen und noch werdenden Heidenkirche und Jerusalem, wo das weltenwendende Christusgeschehen seinen Ausgang genommen hatte. Der geschichtlich-heilsgeschichtliche Zusammenhang der Kirche mit dem noch ungläubigen jüdischen Volk, das Gott nach seinem souveränen Heilswillen erwählt, gesegnet und zum Träger der Verheißung gemacht hatte, war ihm keineswegs gleichgültig. Auch dem Volk Israel, das von seinem Ursprung her dazu berufen und bestimmt ist, allein aus der Gnade Gottes zu leben, wird sich nach der Erwartung des Paulus das Heil wieder zuwenden, freilich jetzt nach seiner Verstockung auf dem Umweg über die Heiden, die zur Beschämung Israels die Gnadenbotschaft angenommen haben. Das ist das große Thema von Röm. 9—11, ein Abschnitt, der unvergleichlich ist.

Im Römerbrief haben die Gedanken, die Paulus im Blick auf die bevorstehende letzte Auseinandersetzung in Jerusalem bewegten, ihren mächtigen Ausdruck gefunden. Daß er die Römer an ihnen teilnehmen läßt, ist wohl verständlich, denn für die überwiegend heidenchristliche Gemeinde dort wie für seine weitere Mission war der Ausgang der Verhandlungen in Jerusalem entscheidend. Darum ruft er sie auf, ihm fürbittend beizustehen (15, 30 ff.).

Die Hoffnung des Paulus hat sich nicht erfüllt; seine Befürchtungen sind eingetroffen. Sein Weg nach Jerusalem führte in die Gefangenschaft und in den Tod, den die Apostelgeschichte (21–28) zwar nicht mehr berichtet, aber unmißverständlich andeutet (20, 25 ff.; 21, 4. 11 ff.). So ist der Römerbrief der letzte des Paulus und sein Vermächtnis geworden.

Anhang: Die deuteropaulinischen Briefe

Obwohl umstritten, mißdeutet und weithin vergessen, ist das Erbe des Apostels auch von Schülern und Anhängern bewahrt, wenn auch im einzelnen abgewandelt worden. Das zeigen die unter seinem Namen und damit unter Inanspruchnahme seiner Autorität abgefaßten und im Kanon als Paulusbriefe geführten deuteropaulinischen Briefe. Ihre Pseudonymität, die auch für andere, mit sonstigen Apostelnamen firmierte Schriftstücke festzustellen ist, darf nicht an unseren modernen moralischen und juristischen Maßstäben von Autorschaft und -recht gemessen werden. Derlei gab es in der Antike noch nicht und wird insbesondere dem urchristlichen Schrifttum nicht gerecht, in dem die gewählten Verfassernamen nicht so sehr geistige Individualitäten, als Autoritäten der Offenbarung, Lehre und Tradition bezeichneten. Daß damit nicht alles und jedes gedeckt ist und es im Bereich dieser Literatur auch plumpe Fälschungsversuche gibt, ist damit nicht bestritten.
Ein erstes Beispiel der Bemühung, das paulinische Erbe gegenüber schwärmerischer Irrlehre zur Geltung zu bringen, haben wir bereits in dem *Zweiten Thessalonicherbrief* kennengelernt (s. o. S. 109 f.). Aber auch die beiden als Briefe des Paulus aus der Gefangenschaft an die *Ko-*

losser und *Epheser* abgefaßten sind dieser Gruppe zuzurechnen. Beide enthalten genuin paulinisches Gedankengut. Auch berührt sich der Brief nach Kolossä (Phrygien) hinsichtlich der äußeren Situation eng mit dem an Philemon. Anders der nach Ephesus, der nichts von den engen Beziehungen zwischen Paulus und dieser ihm aus jahrelanger Arbeit vertrauten Gemeinde andeutet; er könnte an jede beliebige andere gerichtet sein (ein gewichtiges Argument unter anderen gegen seine Echtheit). Beide Briefe sind in Stil und Inhalt einander engstens verwandt; der Epheserbrief liest sich partienweise geradezu wie ein Kommentar zum Kolosserbrief. Sie führen, wenn auch mit charakteristischen Unterschieden, bestimmte Gedanken des Paulus in eine so andere Richtung selbständig weiter, daß die Annahme, sie seien von Paulusschülern verfaßt, berechtigt ist. Schon ihr Stil unterscheidet sich auffallend von den echten Paulusbriefen: riesige, schier nicht endende, eigentümlich meditativ gehaltene Satzgebilde, durch immer neue Zwischensätze, Wortverbindungen, Parallelwendungen unterbrochen, gleichsam ausufernd und ineinanderfließend mit zahlreichen hymnisch-liturgischen Partien. Nicht minder heben sich auch Sprache, Denkweise und theologische Besonderheiten beider Briefe von Paulus ab: Anknüpfungen an die großen Themen seiner Theologie (Rechtfertigung, Versöhnung, die Gemeinde als Leib Christi, Taufe, neues Leben, Auferstehung usw.) finden sich zwar allenthalben, aber die Akzente sind anders gesetzt, die Gewichte verlagert, die Perspektiven und Dimensionen verändert. Alles dies offensichtlich unter Aufnahme und Abwehr anderer religionsgeschichtlicher Vorstellungen und Motive. Das tritt offen zutage im Kolosserbrief, der ausdrücklich und heftig gegen eine gnostische »Philosophie« streitet (2, 8 ff. 16 ff. 20 ff.), unausdrücklich aber auch in dem unpolemisch gehaltenen Brief an die Epheser.

Die Gedanken beider Briefe bewegen sich in weit ausschwingenden, den Kosmos mit allen seinen Sphären und Mächten umgreifenden Kreisen um das offenbarte Christusmysterium (Kol. 1, 26 f.; 2, 2; 4, 3; Eph. 1, 9; 3, 3 f. 9 ff. u. a.): die Versöhnung des Alls durch den Kreuzestod Christi (Kol. 1, 20; Eph. 1, 7. 10), sein Triumph über alle gottfeindlichen Gewalten (Kol. 2, 15; Eph. 1, 21 f.), Christus als der »Friede« zwischen Gott und Menschheit, durch den die trennende Wand zwischen beiden beseitigt ist, aber damit auch die Unterschiede zwischen dem Volk der Verheißung (Juden) und den Fremdlingen (Heiden) aufgehoben sind und alle gleiches Bürgerrecht von Gott empfangen haben. Diese zentrale paulinische Erkenntnis ist vor allem Thema des Epheserbriefs (2, 15 ff.). In diese vollendete Heilswirklichkeit sind die Glaubenden durch die Taufe versetzt.

Alle diese Gedanken werden in beiden Briefen vornehmlich in räumlichen Kategorien verkündet und entfaltet, nicht eigentlich wie bei Paulus in zeitlich-eschatologischen Gedanken. Dementsprechend ist das paulinische Motiv von der Kirche als Leib hier weitergeführt zu der Vorstellung von Christus als dem »Haupt des Leibes«, der Kirche, und dem gnadenhaften Hinaufwachsen ihrer Glieder zu ihm, dem im Himmel Erhöhten (Kol. 1, 18; 2, 10; Eph. 1, 22; 4, 15). Dem soll, wie die paränetischen Teile beider Briefe sagen, der Wandel der Glaubenden »im Herrn« entsprechen.

Ebenfalls aus der späteren Zeit des Kampfes gegen Irrlehrer stammen die Briefe an die Mitarbeiter des Paulus *Timotheus* und *Titus*. Verglichen mit den beiden eben genannten, eigenständig in kosmische Weiten führenden Briefen sind sie Dokumente völlig anderer, auf den »kirchlichen Binnenraum« (U. Wilckens) beschränkter Art. Nach Sprache und Charakter gehören sie ebenso unter sich zusammen, wie sie sich von den echten Paulinen unterscheiden. Auch sie geben sich als Schreiben des Apostels, enthalten Anklänge an Formeln und Wendungen seiner Briefe und sentenzhaft wiedergegebene Aussprüche von ihm, auch allerlei biographische Details und Situationsnotizen aus verschiedenen, im einzelnen nicht mehr aufzuhellenden Überlieferungen, die beim Leser wohl auch den Eindruck ihrer Authentizität verstärken sollen. Diese tragen für den Inhalt jedoch nur insofern etwas aus, als sie ihm – so im 2. Timotheusbrief – das Vermächtnissiegel des in Ketten liegenden, todbereiten Apostels aufdrücken und vor allem auch den bedeutungsvollen Übergang der apostolischen Lehre an seine Nachfolger veranschaulichen. Damit ist bereits gesagt, daß alle drei nicht private, sondern amtliche Briefe sind und nur nominell an Timotheus und Titus gerichtet. Diese figurieren in Wahrheit, repräsentativ für die Kirche überhaupt, als Bevollmächtigte, durch Handauflegung eingesetzte Amtsträger, die entsprechend in den ihnen zugewiesenen Wirkungsbereichen weitere bewährte Männer zu Gemeindebischöfen und Diakonen bestellen sollen. Ihrer Form nach sind die wichtigsten Partien der Briefe als nachapostolische Gemeindeordnungen zu bezeichnen (zum Beispiel Bischofs- und Diakonenspiegel 1. Tim. 3, 1 ff.); andere Stücke als geprägte und einzuprägende Lehrformeln (1. Tim. 3, 16; 2. Tim. 2, 8) und allgemeine, das Ideal christlicher Bürgerlichkeit widerspiegelnde Anweisungen für einen rechtschaffenen Wandel.

Tiefsinnige theologische Reflexionen liegen den Briefen fern. Worauf es ihnen ankommt, ist die Bewahrung der gesunden, reinen Lehre, das praktische christliche Leben im Alltag und die Ordnung sozusagen im eigenen Haus. Nicht zufällig wechseln sittliche Ermahnungen mit Abschnitten über Gottesdienst und Ämter ab und sind die letzteren nichts anderes als allgemeine »Haustafeln«.

Der Zweck der Briefe ist, die Kirche auf festen Grund zu stellen und sie damit vor der Häresie der Gnosis zu schützen. Diese wird an zahlreichen Stellen summarisch gegeißelt, und dem rechten Amtsträger und Christen wird verboten, sich auf jegliche Diskussion ihrer krausen Spekulationen und Fabeleien einzulassen.

Aus dem Gesagten erhellt, daß Paulus unmöglich als Verfasser dieser »Briefe« gelten kann, weder im Sinne eines direkten Diktates noch auch indirekt als Auftraggeber, der seine Gedanken mündlich einem »Sekretär« mitteilte und diesem dann für die Ausarbeitung einen gewissen Spielraum ließ. Zu deutlich ist der geistige und theologische Abstand, weisen aber auch die vorausgesetzten Verhältnisse, Verfassungsformen und Tendenzen der Kirche in eine spätere Zeit.

Was ihnen gleichwohl Wert verleiht, ist weniger ihre Gesamthaltung als die in ihnen gesammelte und aufbewahrte Überlieferung und die schlichte Bestimmtheit, mit der sie hier und da in verworrenen und verführerischen Situationen der Gemeinde wie des einzelnen Christen klare Orientierungshilfen geben. Sie haben darin auch ein gutes Teil paulinisches Erbe bewahrt.

V. Teil

Christusbotschaft und Glaube in den späten Schriften des Neuen Testaments

A. Zum Verständnis der späten neutestamentlichen Schriften

Es ist weithin üblich, das Christentum gegen Ende des 1. Jahrhunderts mit seinen Schriften ganz in den Schatten der großen Zeit des Anfanges, der Zeit Jesu und der ersten Ausbreitung des Evangeliums zu stellen und damit summarisch als Epigonenzeitalter abzustempeln. Doch wird man damit der Zeit der »dritten« Generation nicht gerecht. Schon die Bezeichnung »nachapostolisch« ist zwar nicht einfach falsch, aber enthält gemeinhin jenen abwertenden Beiklang. Unwillkürlich verbindet man mit ihm die schon im lukanischen Geschichtsbild wirksame Vorstellung einer ersten idealen Epoche der Kirche, die es so niemals gegeben hat. Anfechtbar ist auch die summarische Charakteristik des späteren christlichen Schrifttums als »frühkatholisch«. Sie verführt leicht dazu, erst später ausgebildete Wesensmerkmale der Kirche als einer einheitlich durch Lehre und Tradition, Amt und Amtsnachfolge geordneten Heilsinstitution in die Texte zurückzuprojizieren. Von einer derartigen Uniformität kann in ihnen jedoch nicht die Rede sein.

Wir tun darum gut, die in den neutestamentlichen Kanon aufgenommenen Schriften dieser Periode nicht sofort nach den Maßstäben einer vorangegangenen oder nachfolgenden Epoche theologisch zu zensieren, sondern nach der geschichtlichen Bedeutung dieser Zeit selbst zu fragen. Sie zeigt sich schon darin, daß in den genannten Jahrzehnten erstmalig überhaupt so etwas wie ein christliches Schrifttum entsteht, wenn auch sehr verschiedenartig und -wertig und noch ohne einen »kanonischen« Anspruch. Dabei fällt auf, daß sich darunter auch nicht eine einzige Missionsschrift befindet; als Leser, Vorleser und Hörer sind durchweg Christen vorausgesetzt. Bereits die Entstehung der Evangelien fällt, wie wir sahen, in diesen Zeitraum; desgleichen die Abfassung der Deuteropaulinen, sehr wahrscheinlich auch die erste Sammlung und Verbreitung der authentischen Paulusbriefe über den Umkreis ihrer Adressatengemeinden hinaus. Bezeichnenderweise werden in dieser Zeit auch zum erstenmal Schriften verfaßt, die nicht mehr an eine Einzelgemeinde gerichtet, sondern für eine größere Allgemeinheit bestimmt sind. In diesem Sinne will der von der altkirchlichen Überlieferung geprägte Ausdruck »katholische« Briefe verstanden werden. Sie hat ihrer sieben unter diesem Begriff zusammengefaßt: Jakobus-, Erster und Zweiter Petrus-, Judas- und die drei Johannesbriefe. Die letzten drei sind allerdings fälschlich in diese Gruppe geraten, da der Erste Johannesbrief überhaupt kein Brief ist und der Zweite und Dritte Johannesbrief sich nicht an eine Allgemeinheit wenden. Eher läßt sich der dem Paulus zugeschriebene Epheserbrief als »katholisch« charakterisieren. Gleiches gilt für den in der Alten Kirche ebenfalls als paulinisch geltenden Brief an die Hebräer, dem freilich bis auf seinen Schluß (13, 18 ff.) alle brieflichen Merkmale fehlen.

Auch die Offenbarung Johannes gibt sich in Eingang und Schluß als ein allen Christen geltender »Himmelsbrief« und redet zwar in den Sendschreiben Einzelgemeinden (2—3) an, aber kennzeichnet sie schon durch die heilige Zahl sieben als eine höhere, ideale Einheit.

Trotz großer Unterschiede haben bestimmte gemeinsame Erfahrungen und Tendenzen der Kirche in dem späten neutestamentlichen Schrifttum ihren Niederschlag gefunden. Dazu gehört erstlich die Erfahrung des Abstandes der eigenen Zeit von der des Anfanges. Man sucht ihn aufzuholen und stellt darum, wie der Jakobus- und Judasbrief, Schriften unter den Verfassernamen zweier Brüder Jesu oder, wie die beiden Petrusbriefe, unter die Autorität des erstberufenen Jüngers. Entsprechendes haben wir bereits für die Deuteropaulinen festgestellt (s. o. S. 129 ff.). Die Verankerung und Befestigung von Lehre und Glauben in der Tradition sind ein hervorstechendes Merkmal dieser Schriften, wobei auch die apostolische Legitimation des kirchlichen Amtes von Bedeutung wird (Pastoralbriefe; Apg. 20, 18 ff.).

Eine weitere, damit eng verbundene Erfahrung ist die beständige Bedrohung der Gemeinden durch Irrlehrer. Die Warnung vor den falschen Propheten — oft mit Nachdruck als Zeichen endzeitlicher Drangsal hervorgehoben — fehlt fast in keiner der Schriften (Jud. 17 ff.; 2. Petr. 2, 10 ff.; 3, 2 ff.; 1. Joh. 2, 18 ff.; 4, 1 ff.; 5, 1. 5 ff.; Hebr. 13, 9 ff.; vgl. auch Mark. 13, 22; Matth. 7, 15 ff.; Apg. 20, 29 ff.; 1. Tim. 1, 4; 4, 3; 6, 20; 2. Tim. 2, 18; Tit. 3, 9 f. u. a.). Anders als Paulus in seinen echten Briefen weisen die Verfasser dieser Schriften in der Regel die häretischen Lehren nicht argumentierend zurück, sondern prangern ihre Verderbtheit und Gefähr-

lichkeit summarisch an, alle erdenklichen Bosheiten auf sie häufend.
Ferner zeigt sich an zahlreichen Stellen, daß die Kirche inzwischen auch von außen schwere Verfolgungen erlitten und erneute Leiden solcher Art zu gewärtigen hat (2. Tim. 2, 8; Hebr. 10, 32 ff.; 12, 7 f.; 1. Petr. 4, 1 ff. 12 ff.; 5, 8 f.; Offb. 2/3; 13, 7 ff. u. a.).

B. Die Kirchenbriefe

Die Ausprägung und theologische Verarbeitung des Christusglaubens ist in den einzelnen Schriften denkbar verschieden. Im *Jakobusbrief* tritt er in solchem Maße zurück, daß man fragen kann, ob dieser überhaupt von Hause aus als eine christliche Schrift konzipiert worden ist. Der Name Jesu Christi findet sich in dem ganzen, nur der Form nach brieflich eingekleideten, »an die zwölf Stämme in der Diaspora« gerichteten Schreiben nur zweimal (1, 1; 2, 1). Auch sonst liegt ihm jede theologische Reflexion über das Heilsgeschehen fern. Nur 5, 7 ff. wird auf das baldige Kommen des Herrn zum Gericht hingewiesen, jedoch nicht anders als jeder Jude von dem Gerichtstag reden konnte. Inhalt der Schrift ist vielmehr das praktische gottgemäße Leben. Von ihm ist in einer locker gefügten, vielfach stichwortartig aufgereihten Kette von Einzelmahnungen und -warnungen die Rede: von der Bewährung in Versuchungen (1, 2 ff.); vom Hören und Tun des göttlichen Wortes (1, 19 ff.); von Dünkel und liebloser Parteilichkeit, zumal der Reichen gegenüber den Armen (2, 1 ff.), leichtfertigem Geschwätz und trügerischer Selbstsicherheit (3, 1 ff.; 4,

13 ff.) u. ä. Schon das Vorherrschen der Imperative – in 108 Versen nicht weniger als 54! – weist darauf, daß wir es in dem »Brief« mit Paränese zu tun haben, und zwar unter ausgiebiger Verwertung hellenistisch-jüdischer, jedes heilsgeschichtlichen Partikularismus entkleideter, allgemein ethisch gehaltener Spruchweisheit, aber auch christlichen Spruchgutes und griechisch-hellenistischer Moral. Einen eigenen theologischen Akzent enthält nur der polemische Abschnitt über Glaube und Werke (2, 14–26). Dieser setzt unmißverständlich die paulinische Lehre von der Rechtfertigung allein aus Glauben voraus, wenn auch in vulgärer Entstellung; einem »toten« Glauben, gegen den Jakobus kämpft, hat der Apostel selbst nirgends das Wort geredet. Das ändert jedoch nichts daran, daß in der Frage der Rechtfertigung Jakobus gegen Paulus einen gut jüdischen Standpunkt vertritt (Glaube *und* Werke).

Ungleich stärker von der christlichen Heilsbotschaft geprägt ist der *Erste Petrusbrief*. Auch er enthält eine Fülle von Mahnungen, aber sie sind eingebettet und verankert in den Zuspruch der den Glaubenden widerfahrenen und sie dereinst erwartenden Gnade Gottes. So ist, wie in der Paränese der Paulusbriefe, der Indikativ dem Imperativ vorgeordnet und das neue Sein der Christen der Grund aller Weisungen für ein brüderliches Verhalten untereinander und gegenüber der Welt. Durch Christi Opfertod losgekauft (1, 18 ff.) und durch seine Auferstehung zu einer lebendigen Hoffnung wiedergeboren (1, 3 ff.), leben sie »bewacht vom Glauben« (1, 5); hier auf Erden zwar noch nicht im Schauen (1, 8), durch Leiden geprüft (1, 6 f.), Fremdlinge und nicht heimisch in der Welt (2, 11) und doch Gottes auserwähltes Geschlecht, sein Volk und Eigentum und Christi geistlicher Tempel (2, 9. 5). Dementsprechend mahnt der »Brief« zu ungeheuchelter Bruderliebe (1, 22 ff.; 3, 8; 4, 8 u. ö.), zur Selbstzucht (2, 11), Demut (3, 8; 5, 5 f.), zu einem untadeligen Verhalten inmitten der heidnischen Umwelt (2, 12), zur Unterordnung unter die gottgesetzte Obrigkeit (2, 13 ff.), zur Geduld im Ertragen von Unrecht nach dem Vorbild Christi (2, 18 ff.) und zur Leidensbereitschaft in Verfolgungen (4, 12 ff.). In der Nachfolge Christi sind diese Erfahrungen nichts Befremdliches, sondern die Fußtapfen des Herrn (2, 21) und ein Grund zur Freude für den Glaubenden auf dem nur noch kurzen Weg dem ewigen, im Himmel schon bereiteten Erbteil entgegen (1, 4 ff.). Noch ist die Erwartung des baldigen Weltendes und des künftigen Heils ungebrochen (4, 7) und als das gewisse Ziel ebenso bestimmend für das Verständnis rechten Christseins wie die in Christus schon gegenwärtige Heilszeit (1, 6–12).

In Sprache, Gedanken und Vorstellungen enthält der Erste Petrusbrief geprägtes Gut. Zumal in den Eingangskapiteln finden sich in auffallender Häufung Motive, die an die Taufe anklingen: auf Grund der Auferstehung Christi von den Toten werden die Hörer angeredet als von Gott neu gezeugt durch sein lebenschaffendes, ewiges Wort (1, 3. 22 ff.; 2, 2). Früher waren sie verirrte Schafe, nun aber sind sie bekehrt zu dem Hirten und Wächter ihrer Seelen (2, 25). Auf die Taufe wird 3, 20 ff. ausdrücklich Bezug genommen, die in der Geschichte der Rettung Noahs bei der Sintflut ihr alttestamentliches Gegenbild hat. Auch wenn sich daraus nicht, wie man vermutet hat, eine ganze Taufrede rekonstruieren läßt, sind diese Bezüge doch eindeutig. Ebenso heben sich an-

dere Stücke einer schon vorgeformten Tradition in dem »Brief« ab: bekenntnisartige Sätze und Hymnen (2, 21 ff.; 3, 18 ff.), liturgische Formen, »Haustafeln« im Rahmen der Paränese (2, 18 ff.; 3, 1 ff.; 5, 1 ff.) und zahlreiche, verstreute alttestamentliche Zitate. Wer das Schreiben auf besonders »originelle« Konzeptionen absucht, wird ihm nicht gerecht. Um so mehr aber zeigt es, welcher Schatz von Erfahrungen und Erkenntnissen des Glaubens in seinen einfachen, überlieferungstreuen Aussagen gesammelt und aufgehoben ist.
Daß dieses Trost- und Mahnschreiben nicht von Petrus stammt, wird daran deutlich, daß der Verfasser sich nirgends auf seine Beziehungen zum irdischen Jesus beruft. Auch wendet er sich in gepflegter griechischer Sprache an kleinasiatische Heidenchristen (1, 14. 18; 2, 9 f.; 4, 3 f.) aus dem weiteren Umkreis der Mission des Paulus und berührt sich in vielem eng mit dessen Theologie. Schließlich weist ihn auch die vorausgesetzte Situation der nicht mehr lokal begrenzten staatlichen Verfolgung und die Erwähnung Roms unter dem Decknamen »Babylon« (5, 13; vgl. Offb. 14, 8; 16, 19; 17, 5; 18, 2 ff.) in eine spätere Zeit. Das pseudonyme Schreiben wird darum in der Ära Domitians (81–96 n. Chr.) in den neunziger Jahren verfaßt sein.
In dieselbe Zeit gehört auch der sogenannte Brief an die *Hebräer.* Unter allen neutestamentlichen Schriften, die Johannesoffenbarung eingeschlossen, ist er für den Leser heute das vielleicht fremdartigste und am schwersten zugängliche Dokument, und doch ist er wert, neu entdeckt zu werden. Er macht es einem allerdings nicht leicht, weil er sich nur schwer eingruppieren läßt. Vergeblich hat schon die altkirchliche Überlieferung ver-

sucht, seine Sonderstellung abzuschwächen, indem man ihn auf Grund seines Schlusses (13, 18—25) unter die Briefe rechnete und für ihn wegen seines auffallend stark alttestamentlich bezogenen Inhaltes einen bestimmten Adressatenkreis, nämlich Judenchristen (Hebräer), ersann. Aber seinem Charakter nach ist er überhaupt kein Brief (kein Präskript; keine konkreten Bezüge zu einer Einzelgemeinde), sondern eine im Predigtstil gehaltene Lehrschrift. Auch ist er nicht speziell für Judenchristen geschrieben. Einzelne Stellen zeigen, daß der Verfasser einstige Heiden als Angeredete vor Augen hat. Nur auf sie paßt das ABC christlicher Lehre mit der Bekehrung zu dem einen Gott (6, 1 f.; vgl. auch 11, 6) und die Warnung vor dem Abfall von ihm (3, 12). Von jeher war das Alte Testament für die gesamte Christenheit Heilige Schrift, so daß der Verfasser seine Gedanken auch Heidenchristen zumuten konnte. Ebenso ist der »Brief« sicher nicht, wie früher weithin angenommen, von Paulus verfaßt. In Sprache und Gedankenwelt ist er völlig eigenständig geprägt.

Das Bild der angeredeten Gemeinde trägt gleichwohl sehr bestimmte, wenngleich für eine spätere Generation typische Züge. Man läßt sich in der Heilslehre unterweisen und taufen, ist im Besitz von Bibel (Altes Testament) und Bekenntnis und feiert die Gottesdienste. Aber das verkündigte Wort hat sich abgenutzt, die Hörer sind abgestumpft (5, 11), von Verhärtung (3/4), Erschlaffung (12, 12 ff.), Überdruß (10, 25), ja von Abfall bedroht (3, 12; 4, 1) und in Gefahr, wie ein steuerloses Schiff abgetrieben zu werden (2, 1).

In dieser Situation ruft der Prediger die Gemeinde zu ihrem Bekenntnis zurück, jedoch nicht nur mit beschwörenden Appellen und nicht eintönig längst Bekanntes wiederholend, vielmehr so, daß er sie das Heil, zu dem sie sich immer schon bekannt haben, in seinen weiten Dimensionen in neuer Weise verstehen lehrt.

Die in beständiger Anlehnung an das Alte Testament entwickelten Grundgedanken des Hebräerbriefes lassen sich unter den christologischen und ekklesiologischen Leitworten zusammenfassen: Christus der ewige Hohepriester und die Gemeinde das wandernde Gottesvolk. Beide Themen gehören engstens zusammen und sind im Grunde eines unter zwei Aspekten, die in einem den ganzen Brief durchziehenden Wechsel von lehrhaften und paränetischen Abschnitten entfaltet werden. Der Psalm 110 entnommene Hoheitsname des (Hohen-)Priesters nach Gottes Heilswillen faßt das Heilsgeschehen im ganzen zusammen: der Sohn Gottes ist um unserer Rettung willen aufs tiefste erniedrigt, uns gleich geworden, ausgesetzt wie wir Versuchung und Sünde, Angst und Tod (2, 6–18; 5, 7 ff.), aber von Gott zum Bringer des Heils erhöht. Auf diesem paradoxen, im Gehorsam durchschrittenen Weg hat er den teuflischen Bannkreis unserer Versklavung durchbrochen und »ein für allemal« (7, 27; 9, 12; 10, 10) durch sein Selbstopfer uns den Himmel, das heißt den Zugang zu Gott aufgetan (4, 14 ff.; 8, 1 ff.; 10, 19 ff.). So waltet er jetzt für immer über uns als der Hohepriester.

Damit ist dem Glaubensweg der Gemeinde Verheißung und Ziel gegeben, aber dieser zugleich die Furchtbarkeit des Verderbens vor Augen gestellt, wie es einst über das verstockte Israel in der Wüste hereingebrochen ist (3/4). Von hier aus bekommt der Glaube im Hebräerbrief seine wahrhaft entscheidende Bedeutung: als Gehorsam gegenüber dem Wort und Ruf Gottes, als unbeirrte Hoffnung und Durchhalten in der sich dehnenden Zeit (11); Glaube jedoch nicht nur verstanden als gottgemäßes Verhalten des Menschen, sondern in einem geradezu objektiven Sinn als Wirklichkeitserweis des erhofften Heils und Beweis der unsichtbaren Dinge, denen gegenüber alles Sichtbare schattenhaft und vergänglich ist. Das meint die zum ersten und einzigen Mal im Neuen Testament in Hebr. 11, 1 versuchte »Definition« des Glaubens. Er wird in dem großen nachfolgenden Kapitel an der »Wolke« von heilsgeschichtlichen Zeugen, die der christlichen Gemeinde vorangegangen sind, erläutert, aber hat seinen ersten und letzten Grund in Jesus, dem »Anführer und Vollender des Glaubens« (12, 2).

In seiner eigentümlich verschlüsselten Gedankenführung ist der Traktat aufs stärkste abhängig von der Schriftexegese des hellenistischen Diasporajudentums (bekannt aus Philon von Alexandrien). Auch haben sichtlich dualistische Vorstellungen der Gnosis auf ihn eingewirkt. Doch hat der Verfasser, gebunden an alttestamentlich-jüdische und christliche Tradition, das Verständnis der Welt als Gottes Schöpfung nicht preisgegeben und Heil und Erlösung als Befreiung von der Sünde verstanden — im Gegensatz zur Gnosis, die nur von einem schicksalhaften Verhängnis, aber nichts von Sünde und Sühnung weiß. Auch verbindet der Hebräerbrief ein in zeitlosen Sphären sich bewegendes Denken mit einem zeitlich-eschatologisch ausgerichteten. Die alttestamentliche Gottesoffenbarung ist und bleibt in der Theologie des Hebräerbriefes grundlegend wichtig, als vorausweisend-verheißendes Zeugnis, aber zugleich als eine abgetane

Ordnung eines beständigen Leerlaufes kultischer Bemühungen, beispielhaft darin für den vergeblichen Betrieb aller »Religion«. Sie ist überwunden und abgelöst durch den neuen Bund Gottes, durch das himmlische Heiligtum und das allein wirksame Selbstopfer des Hohenpriesters Jesus am Kreuz (7—10; 12).
In der Deutung des Christusgeschehens und des Glaubens berührt sich der Hebräerbrief in mancher Hinsicht mit Paulus: vor allem in der Antithese zum jüdischen Heilsverständnis (Alter/Neuer Bund) und in der Erkenntnis, daß das alte Gesetz als Heilsweg abgetan ist (Hebr. 8, 13). Doch steht im Hebräerbrief allein das alttestamentliche Kultgesetz im Blick, das für Paulus kaum eine Rolle spielt, und seine Gedanken bewegen sich nirgends in den Bahnen der Rechtfertigungsbotschaft des Apostels. So ist die Theologie dieser Schrift unbeschadet ihrer befremdlichen Einkleidung ein eigenständiger, weit ausgreifender, auch in erstaunlicher, machtvoller Sprache formulierter theologischer Entwurf.
In weitem Abstand davon sind der *Judasbrief* und der *Zweite Petrusbrief* zu nennen. Beide streiten aufs heftigste für den überlieferten Glauben gegen die verruchten Irrlehrer, die das verdiente Gericht Gottes treffen wird. So schon der als Brief des Herrenbruders Judas firmierte mit einer langen Aufzählung alttestamentlicher Beispiele für die göttlichen Strafen über derlei Bösewichter. Im Zweiten Petrusbrief ist dieses kleine Schreiben verarbeitet worden (Kap. 2), und zwar in spezieller Kampfrichtung gegen die Bestreiter der Parusie. Aber er führt seinen Kampf ausschließlich im Rückzug auf die von den Aposteln, vorab von Petrus, garantierte reine Lehre und mit lose aneinandergereihten apologetischen Argu-

menten der Tradition. Die Fiktion der Verfasserschaft tritt nicht zufällig in dem Schreiben verstärkt hervor, das Bild der Gegner wird nach üblicher Manier der Ketzerbekämpfung schematisiert, und die verteidigte Eschatogie erscheint mehr wie ein theologisch unverarbeitetes Teilstück orthodoxer Lehre, auch in seinem Sinngehalt etwa gegenüber Paulus, aber auch dem Ersten Petrus- und Hebräerbrief beträchtlich verschoben und nicht mehr eigentlich in der Bezeugung lebendigen Glaubens. Darüber können auch beherzigenswerte Einzelstücke nicht hinwegtäuschen. So gewinnt man bei genauerem Zusehen angesichts der Berufung auf die Apostel und die Erinnerung an ihre heilige Vergangenheit den Eindruck, daß hier eine ehrwürdige Veteranenkompanie von der rechtgläubigen Kirche an einen gefährdeten Frontabschnitt geworfen wird.
Der »Brief« ist erst gegen Mitte des 2. Jahrhunderts verfaßt und damit die späteste Schrift des Neuen Testaments.

C. Die Offenbarung Johannes

Ganz anders die *Offenbarung Johannes.* In ihr geschieht noch einmal ein elementarer, gleichsam vulkanischer Ausbruch urchristlicher Naherwartung und wird nicht nur ein Stück überlieferter Lehre zäh und mühsam verteidigt. Seit langem ist diese Schrift, in ihrer eigenen Bildersprache gesprochen, ihrer ursprünglichen Intention freilich entgegen, ein »Buch mit sieben Siegeln« geworden, das man in der Regel den Sekten überläßt. Im Sinne ihres Verfassers will sie gerade umgekehrt als ein

Buch der *geöffneten* Siegel und *enthüllter* letzter Geheimnisse verstanden werden, die der Seher auf Geheiß und Diktat des erhöhten Christus als ein alle angehendes göttliches Manifest niedergeschrieben hat. Die sieben kleinasiatischen Gemeinden, an die er sich eingangs in den Sendschreiben (2/3) wendet, vertreten dabei die gesamte Christenheit (2, 7. 11. 17 u. a.).

Der Inhalt des Buches erschließt sich nur, wenn man es nicht sofort abstandslos, wie vom Himmel gefallen, nach sektiererischer Manier (man denke an den »Wachtturm«!) in unsere Zeit hineinsprechen läßt, sondern ihm seinen uns fremden religions- und zeitgeschichtlichen Ort beläßt. Schon mit seinem ersten Wort »Offenbarung« (Apokalypse) stellt es sich selbst ausdrücklich in Tradition, Denkweise und Literaturgattung der zeitgenössischen jüdischen Apokalyptik hinein. Das Wort bezeichnet eine Spätform alttestamentlicher Prophetie, mit dieser zwar noch eng verbunden (alttestamentliche Zitate, Bilder und Wendungen durchziehen das ganze Buch), aber von dieser durch die kosmisch-dualistischen Dimensionen ihrer Enderwartung unterschieden. Ihre großen, in einer Unzahl von Entwürfen, Bildern und Spekulationen ausgeführten Themen sind das Weltende, das Weltgericht und der Anbruch der neuen Welt Gottes. Die Bedeutung dieser Tradition für das gesamte Urchristentum läßt sich nicht hoch genug einschätzen, wie immer dieses Erbe auch in christlichen Schriften verändert übernommen, positiv oder kritisch verarbeitet oder umgeprägt worden ist. Auf diesem Hintergrund wollen auch das weithin phantastische Gedankengut und die eigentümlich archaische Sprache der Offenbarung Johannes verstanden werden.

Doch ist ihr Inhalt mehr als nur ein vergessenes religiös-theologisches Erbe, das ein eschatologisch spekulierender Wunderling aus der Vergangenheit wieder ans Licht gezogen hat. Johannes schreibt in einer aktuellen zeitgeschichtlichen Situation, aller Wahrscheinlichkeit nach in der Mitte der Neunzigerjahre, als unter Domitian der Konflikt zwischen Kirche und heidnischem Staat offen zum Ausbruch gekommen und über die Christen Verfolgung hereingebrochen war. Der von diesen Leiden selbst mitbetroffene Seher, wohl als Verbannter auf der Insel Patmos (1, 9), will mit seinem Buch seine Mitbrüder im Glauben und im unbeirrten Zeugnis stärken, und zwar dergestalt, daß er, durch Entrückung und prophetische Schau in die Ratschlüsse Gottes eingeweiht, ihnen den Sinn der Erfahrungen und des Ablaufes ihrer schon gegenwärtigen und dem baldigen Kommen Christi entgegeneilenden Geschichte verkündet.
Damit ist bereits ausgesprochen, was ihn mit der jüdischen und traditionell urchristlichen Apokalyptik verbindet, aber auch das Besondere seines Buches schon angedeutet. In seiner Aufmachung als »Apokalypse«, in der Weise, wie der Seher sich selbst einführt, in Vorstellungen und Symbolen und in der den Eindruck einer fortlaufenden Ereignisfolge erweckenden Wiedergabe der einzelnen Gesichte ist Johannes ein Kind seiner Zeit, auch wenn er seinen Namen nennt und sich nicht wie sonst üblich hinter irgendwelchen großen Gottesmännern der grauen Vorzeit verbirgt. Er hat sogar offensichtlich Quellen und überlieferte Traditionen eingearbeitet und des öfteren seine Schrift nach heiligen Zahlen disponiert: 7 Sendschreiben (2/3); 7 Siegel-, Posaunen- und Schalenvisionen (6/7; 8—11; 15/16). Sowenig wie

andere zeitgenössische Apokalypsen ist also auch die Offenbarung Johannes im Trancezustand der Ekstase niedergeschrieben, sondern planvoll konzipiert.
Doch unterscheidet sich das Werk von anderen jüdischen, aber auch christlichen, der gleichen Literaturgattung zugehörigen Dokumenten durch das Verständnis der Geschichte. Schon die Abfolge der Geschehnisse läßt sich in Wahrheit nicht in ein Zeitschema pressen und wie ein Kursbuch lesen, das die Stationen und Ereignisse bis zum Weltende angibt. Vielmehr wird in einem dreimaligen, parallel laufenden Durchgang die gleiche Spanne der Geschichte von Anfang bis Ende durchmessen: in den Siegelvisionen in einem summarischen Abriß (dies die Außenseite der »innen« und »außen« beschrifteten Buchrolle in der Hand des erhöhten Christus, die erst nach Lösung des letzten Siegels voll lesbar wird, 5, 1; 8, 1); in den Posaunenvisionen schon deutlicher, doch immer noch fragmentarisch und verhüllt; erst in den Schalenvisionen und in allem, was dieser Reihe folgt (15, 1–22, 5), klar und vollständig überschaubar.
Das mag zunächst nur wie eine raffinierte Kompositionstechnik anmuten. In Wahrheit aber spricht sich darin die Sache aus, um die es dem Buche geht: die Welt steht im Aufruhr wider Gott und offenbart sich zunehmend mehr in ihrer Verstocktheit und Hybris unter den Schlägen seines Gerichtes bis hin zur Apotheose des römischen Kaisers und der staatlichen Gewalt, die alle in ihren Bann schlägt und alsbald gegen die sich nicht unterwerfenden, nur mit Standhaftigkeit und Glaubenstreue bewaffneten »Heiligen« einen furchtbaren Krieg eröffnet. Aber ihre Macht ist als Babel – die große Hure – entlarvt und ihr tierisches Toben auf Erden nur ein letz-

tes Sich-Aufbäumen des vom Himmel gestürzten, vor Gott zum Schweigen gebrachten, besiegten Satans (12/13). Die Entscheidung Gottes über die Welt ist in Christus schon gefallen zu Heil und Frieden. Am Anfang – wohlgemerkt nicht erst am Ende wie in anderen apokalyptischen Texten des Neuen Testaments (Mark. 13, 26 ff.; 2. Thess. 2, 8 ff.) – steht darum die große Vision von der Inthronisation Christi als des geschlachteten Lammes in dem Thronsaal Gottes. Er ist zum Schicksal der Welt geworden und allein würdig, aus Gottes Hand das Schicksalsbuch der Geschichte zu empfangen, seine Siegel zu öffnen und damit die Endgeschichte der Welt zu vollstrecken. Unter ihren Schrecknissen erklingt die bange Frage: Wer kann bestehen? (6, 17) Doch werden die Glaubenden schon jetzt unter das verheißende Bild des wahren erlösten Gottesvolkes gestellt (7, 9 ff.; 14, 1 ff.; 19, 1 ff.), das Gottes Eigentums- und Schutzzeichen trägt, und einem neuen Himmel und einer neuen Erde entgegengeführt (21/22).
So wird auch in der Offenbarung Johannes die Christusbotschaft noch machtvoll vernehmbar, wenn auch gleicherweise ekklesiologisch verengt, wie zu einer Geschichtstheologie ausgeweitet und von phantastischen Spekulationen überwuchert.

D. Das Johannesevangelium und die johanneischen Briefe

Das *vierte Evangelium* ist ein so eigenartiges Gebilde, daß es sich nur schwer den übrigen neutestamentlichen Schriften zuordnen läßt. Der späte Platz, den wir ihm in diesem Buche einräumen, will freilich nicht nur eine Verlegenheit andeuten und besagen, daß dieser Fremdling eigentlich nirgends unterzubringen ist. Einige erste, seine Entstehungsverhältnisse betreffende Fragen lassen sich sehr wohl beantworten. Dazu gehört, wenn auch mit einer negativen Antwort, die nach seinem Verfasser. Sie ist schon in der Alten Kirche lebhaft diskutiert worden und wurde noch in der älteren Bibelforschung geradezu als »die« johanneische Frage bezeichnet. Dieses Gewicht können wir ihr nicht mehr geben. Daß das Evangelium von dem Zebedäussohn Johannes aus dem ersten Jüngerkreis Jesu verfaßt wurde, ist erst eine aus durchsichtigen Gründen vertretene Meinung des späten 2. Jahrhunderts, die sich auf keine Aussage des Buches selbst stützen kann und aus vielerlei Gründen sich als irrig erwiesen hat. Auch der Rekurs auf andere Gewährsmänner führt auf brüchigen Boden. So tut man gut, dem Evangelium seine Anonymität zu belassen. Seine Abfassungszeit läßt sich ziemlich genau angeben, da ein winziger, 1935 in Oberägypten gefundener und auf das erste Drittel des 2. Jahrhunderts datierbarer Papyrusfetzen mit ein paar Versen aus Joh. 18 beweist, daß das Evangelium damals in jener Gegend schon bekannt war. Andererseits deuten das fortgeschrittene Stadium der Jesusüberlieferung, auch Sprache, Theologie und Gedankenwelt des Evangeliums darauf, daß es sicher nicht vor den synoptischen Evangelien verfaßt ist. Alles das führt auf die Zeit um 100 n. Chr. und läßt vermuten, daß das Buch in Syrien oder Kleinasien beheimatet ist. Insoweit ist der Umkreis anderer neutestamentlicher Schriften, die synoptischen Evangelien eingeschlossen, also noch nicht wesentlich ausgeweitet.

Nach altkirchlicher Überlieferung soll das Evangelium von demselben Johannes stammen wie die Apokalypse. Auch diese hier und da noch heute vertretene Annahme ist unhaltbar. Beide Schriften sind nach Sprache und Anschauungen grundverschieden. Dennoch berühren sie sich, wenn auch gegensätzlich, in verschiedener Hinsicht. Beide entstammen offensichtlich ähnlich strukturierten Gemeinden, die man soziologisch als Konventikel bezeichnen könnte. Schon die Offenbarung Johannes kennt nur pneumatisch-prophetisch gelenkte, nicht hierarchisch geordnete Gemeinden, die keineswegs für die Kirche des ausgehenden 1. und des anfangenden 2. Jahrhunderts, zumal in Kleinasien, repräsentativ sind. Lukas, Pastoralbriefe, 1. Petrusbrief, Ignatius, Polykarp setzen Älteste, Bischöfe, Diakonen in den Gemeinden voraus. Davon deutet auch das Johannesevangelium nichts an. Der Geist ist hier der ganzen Gemeinde gegeben (20, 19 ff. u. a.). Wir haben uns seinen Verfasser eher als einen nicht amtsmäßig an eine Lokalgemeinde gebundenen, charismatischen Wanderlehrer vorzustellen und in diesem Sinn wie den »Ältesten« des *3. Johannesbriefes* (wenn nicht überhaupt als denselben), der sich und seine Mitarbeiter gegenüber einem anmaßenden Vertreter des kirchlichen Amtes hart verteidigen muß. Vielleicht darf in diesen Zusammenhang auch die Tatsache gerückt werden, daß die Aufnahme des Johannesevangeliums mit seinen höchst eigenwilligen Anschauungen unter die gesamtkirchlichen Schriften nicht reibungslos und erst nach einer schon früh einsetzenden Überarbeitung vonstatten ging.

Das Johannesevangelium berührt sich mit der Offenbarung Johannes aber auch in nicht wenigen theologischen

Motiven und Begriffen, die in beiden freilich sehr verschieden verstanden und verwendet werden: Christus der Logos Gottes; das Opferlamm, erniedrigt und erhöht; Leben und Tod; Zeugnis und Bezeugen. Eschatologisch-apokalyptische Themen sind in beiden von großer Bedeutung: Weltgericht; Sturz des Satans; Auferstehung der Toten. Hier wie da wird schon die irdische Geschichte endzeitlich verstanden. Hinzu kommt in beiden Schriften die schroffe Antithese von christlicher Gemeinde und Judentum. Das ist nicht wenig Gemeinsames, wenn auch die tiefgreifende Verschiedenheit in Sprache und Gedanken beide trennt. Von daher drängt sich die Vermutung auf, daß beide, der Apokalyptiker und der Evangelist, zwar eine verwandte apokalyptische Tradition voraussetzen, doch nimmt der eine sie ungebrochen auf und führt sie weiter, der andere dagegen gibt ihr eine radikal neue Deutung im Sinne einer konsequent präsentischen Eschatologie (s. u. S. 158 ff.). Höchst bedeutsam ist, daß sich der Blick des Apokalyptikers ganz auf Zukunft und Gegenwart richtet – von dem irdischen Jesus verlautet kaum etwas; der Evangelist dagegen wendet sich der irdischen Geschichte Jesu zu. Damit ist die Frage nach seinem Verhältnis zu den Synoptikern gestellt. Hat Johannes sie überhaupt gekannt? Einiges gemeinsame Überlieferungsgut, besonders aus der Passionsgeschichte und ihrem weiteren Umkreis, und darüber hinaus einige Wundererzählungen (4, 46 ff.; 6, 1 ff. 16 ff.), auch einzelne, verstreute Herrenworte scheinen dafür zu sprechen. Doch ergibt sich daraus nur ein sehr bescheidener, im einzelnen stark variierter Grundbestand von Nachrichten über Jesu irdisches Wirken und Geschick. Größere Wahrscheinlichkeit hat dar-

um die Annahme für sich, daß der vierte Evangelist die synoptischen Evangelien nicht gekannt hat.
Ist das richtig, so folgt daraus, daß man das Johannesevangelium nicht, wie uns unwillkürlich naheliegt, im Sinne des Lukasprologs (1, 1–4; s. o. S. 77 ff.) verstehen darf, als habe sein Verfasser aus den schon vorhandenen Evangelien und ihren Quellen eine neue, dann freilich sehr willkürlich ausgefallene Auswahl getroffen und eine korrigierte Darstellung der Geschichte und vor allem der Gestalt und Botschaft Jesu auf Grund einer andersgearteten theologischen Konzeption geben wollen. Dann aber steht das Johannesevangelium nicht eigentlich in der literarischen Nachfolge des Markusevangeliums, sondern muß als ein ihm vergleichbares, in mancher Hinsicht ihm sogar theologisch verwandtes, wenn auch auf anderem Boden erwachsenes Werk ihm an die Seite gestellt werden.
Überlieferungen hat auch Johannes verarbeitet, sogar vorgeformte Sammlungen. Das gilt für die Passionsgeschichte, aber auch höchstwahrscheinlich für den Komplex seiner sieben Wundergeschichten: Hochzeit zu Kana (2, 1 ff.); Heilung des Sohnes des Königischen (4, 46 ff.); des Lahmen am Teich Bethesda (5, 1 ff.); Speisung der Fünftausend und Seewandel Jesu (6, 1 ff. 16 ff.); Blindgeborener (9); Auferweckung des Lazarus (11). Alle diese sind gegenüber den synoptischen Wundern noch ungleich mehr ins Mirakelhafte gesteigert. Diese stark hervortretende Tendenz verbindet die johanneische »Zeichenquelle« mit den hellenistischen Erzählungen von göttlichen Wundermännern. Aber damit ist noch nicht das Christusbild des Evangelisten selbst getroffen, obwohl er den Wundern Jesu einen breiten Raum ge-

währt und in dem ursprünglichen Schluß seines Buches (Kapitel 21 ist ein Nachtrag von späterer Hand) seinen Inhalt sogar unbefangen mit dem Stichwort der »Zeichen«, die Jesus tat, um seine Messianität und Gottessohnschaft zu manifestieren, zusammenfassen kann (20, 30 f.).

Entscheidend ist jedoch, wie Johannes diese »Zeichen« verstanden wissen will und dementsprechend verarbeitet. Sie sind für ihn nicht im vulgären Sinne stupende Taten, die den Nichtglaubenden Jesu göttliche Vollmacht demonstrieren sollen. Was sie sagen und bedeuten, versteht nur der Glaube. Ihre Absicht ist nicht nur, auf den hinzuweisen, der sie vollbringt, vielmehr empfangen sie umgekehrt von ihm her erst ihren Sinn. Der Unglaube mißversteht sie ständig und sucht in ihnen eine sinnenfällig-greifbare, irdisch-vergängliche Lebenssteigerung. Allenthalben sind die johanneischen Wundererzählungen ebenso wie Jesu Reden von diesen Mißverständnissen durchzogen. Den wahren Sinn der Taten Jesu sprechen im Johannesevangelium erst Jesu Offenbarungsreden aus und vor allem seine »Ich-bin«-Worte. Zumal diese letzteren sind für das Johannesevangelium im höchsten Maße charakteristisch und begegnen in immer neuen Variationen: Ich bin das Brot des Lebens (6, 35 u. a.), das Licht der Welt (8, 12; 9, 5), der gute Hirte (10, 11), die Auferstehung und das Leben (11, 25), Weg, Wahrheit und Leben (14, 6), der wahre Weinstock (15, 1). Sie alle sind Verheißung und Angebot und sagen: Was ihr sucht, wonach die Menschen in ihrem Hunger nach wirklichem Leben verlangen, bin Ich. Aber sie sind darin zugleich ein entschiedenes Nein zu allem Lebens- und Heilsersatz, mit dem sich die Welt begnügt.

Einige der erzählten Wunder sind ausdrücklich diesen »Ich bin«-Worten zugeordnet (Kapitel 6; 9; 11), in anderen ist ein solches unausgesprochen enthalten. In jedem Fall wollen die Wunder Jesu in einem beispielhafttransparenten, symbolischen Sinn verstanden werden als Hinweis auf die Werke Gottes, die Jesus als der Sohn vollbringt (5, 19 ff.).

Damit ist bereits das eigentliche Thema des Evangeliums genannt: das Gottesgeschehen der Offenbarung im Medium der Geschichte des irdischen Jesus. Um ihn als den Offenbarer Gottes kreist in immer neuen Variationen die ganze Theologie des Johannes.

Nicht erst mit Jesu Taufe durch Johannes (wie Markus) oder Jesu Geburt (Matthäus, Lukas), sondern vor aller Zeit und Welt in der Ewigkeit Gottes einsetzend, redet der Evangelist darum in seinem programmatisch dem ganzen Evangelium vorangestellten hymnischen Prolog von dem urewigen göttlichen Logos, der in Jesus Fleisch geworden ist. Seine Herrlichkeit haben die Glaubenden geschaut und preisen ihn in dem Lied, das der Evangelist aus der Gemeindeüberlieferung aufgenommen und erläutert hat (1, 1–18).

Alle nachfolgenden Berichte von Jesu irdischem Wirken, Reden und Geschick sind damit in ein überirdisches Licht gerückt. In ewiger Einheit mit dem Vater handelt, verkündet, leidet und siegt er, vom Vater gesandt, bevollmächtigt, bezeugt. So ist er selbst in Person als der Offenbarer, also nicht nur als Mystagoge und Künder himmlischer Geheimnisse, das einzige Thema des ganzen Evangeliums.

Als solcher ist er ein Fremdling in der Welt. Denn diese hat sich von jeher, obwohl sie doch als Gottes Schöpfung ihm Leben und Licht verdankt, der Wahrheit verschlossen, sich für Trug und Lüge entschieden und demonstriert ihren Aufstand wider Gott in der Konfrontation mit Jesus in immer neuen Anstürmen gegen ihn; denn sie will nur einen Gott und Heilbringer wahrhaben, der sie selbst bestätigt und sich vor ihr legitimiert. Diesen Willen zur Selbstbehauptung bekundet die Welt auch und gerade durch ihre beständige Berufung auf ihre geheiligte, religiöse Tradition (Abraham, Mose, Tempel und Schrift), wie die Juden, die im Johannesevangelium als die Gottesfeinde, ja als Kinder des Teufels (8, 44) par exellence figurieren. Blind für die Wahrheit, das heißt die in Jesus begegnende Wirklichkeit Gottes, gerade als die vermeintlich Sehenden (9, 39 ff.), sehen sie in Jesus einen Ketzer und Besessenen (7, 20; 8, 48. 52; 10, 25), der beseitigt werden muß, soll nicht das ganze Volk zugrunde gehen (11, 49; 18, 14).

Das Evangelium ist darum durchzogen von dualistisch-antithetischen Motiven und Begriffen: Wahrheit/Lüge; Leben/Tod; Licht/Finsternis; Freiheit/Sündenknechtschaft. Doch wird darüber nicht metaphysisch spekuliert, sondern als von einem dramatischen Kampf in der Geschichte Jesu geredet.

Aber ist das wirklich noch Geschichte? In dem uns geläufigen Sinn einer Abfolge von Ereignissen in der Zeit jedenfalls nicht, auch nicht mehr nach Art der synoptischen Jesusdarstellungen, in denen ja immerhin noch ein beträchtliches Maß von der Historie Jesu aufbewahrt ist. Von ihr ist im Johannesevangelium, auch wenn sich hier und da zuverlässige Erinnerungen in seinem Überlieferungsgut erhalten haben, erstaunlich wenig zu finden, und es gelingt schlechterdings nicht, das synoptische und das johanneische Bild der Geschichte und Gestalt Jesu zur Deckung zu bringen. Was alles fehlt im vierten Evangelium: nichts von Jesu Reich-Gottes-Botschaft (Gleichnisse), seiner Gesetzesauslegung (Streitgespräche), seinem Umgang mit Verachteten und Verfemten u. a. m. Noch in einem ganz anderen Maße sind die auftretenden Menschen Schattengestalten und nur dazu da, so oder so Jesus selbst zu bezeugen: selbst Johannes der Täufer ist nicht mehr Bußprediger und Vorläufer, sondern Zeuge (1, 6 ff. 15. 19 ff. 29 ff. 35 ff.; 3, 36 ff.) Auch haben die Erzählungen des Johannesevangeliums in der Regel wohl einen szenischen Anfang, aber verlieren sich dann im Zeitlos-Gültigen der Reden Jesu (vgl. Kapitel 3; 5; 6 u. a.). So entsteht der Eindruck, die Geschichte des irdischen Jesus sei hier aufgesogen von einer eigenartigen Theologie.

Dieser Eindruck ist nicht einfach falsch. Unverkennbar unterscheidet sich das Johannesevangelium nicht nur von den synoptischen Jesusüberlieferungen, sondern ist auch in seinem Christusbild aufs stärkste von gnostischen Vorstellungen und Mythen geprägt, wenn auch ebenso bestimmt von der Gnosis unterschieden. Das Verständnis der Welt als Schöpfung ist nicht preisgegeben. Sie ist also nicht das gottwidrige Chaos, in das die gottentstammten Menschenseelen tragisch versunken sind. Finsternis und Verderben ist die Welt nach Johannes, weil und sofern die Menschen sich selbst schuldhaft wider Gott verschließen. Die Erlösung geschieht darum nicht so, daß eine himmlische Lichtgestalt die ihr verwandten Seelen aus der Fremde in ein Jenseits zurückholt. Auch wo derlei gnostische Motive anklingen – und solcher Anklänge sind nicht wenige –, ist doch die bestimmende Anschau-

ung von Verderben und Heil im Johannesevangelium eine andere.
Vor allem aber ist der Erlöser ein irdisch-geschichtlicher Mensch, das in Jesus »Fleisch gewordene Wort« Gottes, und die Erlösung geschieht in seiner irdischen Geschichte, die ihr Ende gefunden hat in seinem Tod. Ihr Ende? Nein, nicht Ende allein, vielmehr zugleich einen neuen Anfang. Denn in und mit seinem Abschied von der Welt und seinem Hingang zum Vater ist das Erlösungswerk des irdischen Jesus erst vollendet (19, 30) und in Kraft gesetzt. Damit ist seine Geschichte im eigentlichen Sinne eröffnet, das heißt nicht mehr als weltverhaftete, vergehende Zeit, sondern als Gottesgeschehen, das sich im »Jetzt« der Glaubensbegegnung mit Jesus und seinem Wort ereignet. In diesem Sinn hat der vierte Evangelist die traditionelle apokalyptische Eschatologie des Urchristentums radikal präsentisch umgeprägt. Wer Jesu Wort hört und glaubt, der *ist* aus dem Tode ins Leben hinübergeschritten und kommt nicht mehr ins Gericht (5, 24 f.). Denn Jesus selbst ist die »Krisis« der Welt, in ihm ist letztgültig der Spruch auf Leben und Verderben gefallen; als der Retter ist er der Richter (3, 16 ff.). So fallen auch im Johannesevangelium die nach christlicher Lehre sonst unterschiedenen »Heilsgeschehnisse« (Auferstehung und Himmelfahrt Jesu, Geistausgießung und Parusie) in eins zusammen; in allen ereignet sich das Kommen Jesu zu Heil und Gericht.
Deutlich hat auf diese johanneische Konzeption zeitlos-gnostisches Denken eingewirkt, und das etwa von Paulus gegenüber gnostischer Vollendungstrunkenheit (1. Kor. 15; vgl. 2. Tim. 2, 18) leidenschaftlich zur Geltung gebrachte Noch-Nicht scheint bedenklich preisgegeben.

Doch wird Johannes nicht wirklich von dieser Kritik getroffen, denn was bei ihm Glaube heißt, ist nicht gleichbedeutend mit dem enthusiastischen Selbstbewußtsein jener Schwärmer, die sich schon in einen anderen Äon versetzt dünken. Im Gegenteil, die irdisch-zeitliche Situation der Glaubenden nach Jesu Tod in der Welt wird im Johannesevangelium in ihrer ganzen Härte zur Sprache gebracht. Für Menschenaugen ist die Zeit über Jesus hinweggegangen und die Welt geblieben. Sie triumphiert, die Jünger dagegen werden trauern (16, 20 ff.), sogar in Gottes Namen ausgestoßen, auseinandergetrieben, getötet werden (16, 2. 32 f.). Allem Anschein nach sind sie sogar von ihrem Herrn verlassen, denn auch sie werden – wie die Welt – ihn nicht mehr in irdischer Gestalt sehen (16, 16; 13, 33). Aber der Augenschein trügt. Denn gerade für diese Zeit scheinbarer Verlassenheit gibt Jesus den auf Erden Zurückbleibenden die Verheißung des Geistes, die während seines irdischen Daseins sich noch nicht erfüllen konnte (7, 39; 16, 5 ff.).

Diese Zusage wird den Jüngern in den Abschiedsreden gegeben (13, 31–17, 26). Ohne ein vergleichbares Gegenstück in den synoptischen Evangelien sind sie für das Christus- und Geschichtsverständnis des Johannesevangeliums von einzigartiger Bedeutung. Denn hier wird unter dem Bild der zum letztenmal um ihren Herrn versammelten Jünger in der Nacht vor seiner Gefangennahme das Bild der Gemeinde auf Erden bis zum Ende der Welt sichtbar, also ihre eigene Geschichte, aber durchstrahlt von der nun vollendeten Geschichte Jesu. Völlig frei von dem geringsten Ton der Schwermut, erfüllt von einem unvergleichlichen Frieden, obwohl der Todesring sich nunmehr endgültig um Jesus geschlossen hat, kündigen diese Reden das Kommen eines »anderen Beistandes« an, des Geistes der Wahrheit, der über alles hinaus, was Jesus vor seinem Sterben den Jüngern zu sagen vermochte, erst die ganze, volle Wahrheit offenbaren wird (14, 16. 26; 15, 26; 16, 5—15). Ein anderer, der Jesus überbietet und seine Offenbarung gleichsam in den Schatten stellt? So befremdlich das zunächst klingt — ja. Denn den Irdischen werden die Glaubenden in der Tat nicht mehr sehen. Und doch ist dieser »andere Beistand« Jesus selbst in neuer Gestalt, nämlich als der mit seiner vollendeten Geschichte in das Wort der Verkündigung Eingegangene und immer neu zu den Jüngern Kommende. So wird der Scheidende zum Bleibenden, der Dahingehende zum Kommenden. Er wird sie also nicht verwaist zurücklassen (14, 18). Vielmehr begründet und eröffnet sein Abschied den Jüngern eine niemals endende Gemeinschaft mit ihm, die ihnen der Umgang mit Jesus zu seiner Erdenzeit noch gar nicht zu gewähren vermochte. Der Augenblick, in dem der Irdische ihren Blikken entschwindet, wird so zur Geburtsstunde des Glaubens.

Eine Verheißung für die Jünger, aber zugleich die Ankündigung, daß der große Gerichtsprozeß zwischen Gott und der Welt, der sich schon in der irdischen Geschichte Jesu abgespielt hat, für Gott und den von ihm Gesandten siegreich abgeschlossen ist. Jesu Richter werden zu Gerichteten, der Verurteilte im Zeugnis des Geistes zum Richter (16, 5 f.). So deutlich hier noch die Sprache jüdisch-urchristlicher Apokalyptik laut wird, ist doch nicht mehr von einem supranaturalen Enddrama die Rede, sondern von einem Geschehen in der Geschichte, das in Jesu Tod am Kreuz seine Mitte hat.

Auch das Johannesevangelium kennt wie Paulus und Markus eine »Theologie des Kreuzes«, wenn auch anderer Art. Sie hat ihren radikalsten Ausdruck gefunden in der paradoxen Erkenntnis, daß Jesu tiefste Erniedrigung zugleich seine Erhöhung, die »Stunde« seines Sterbens zugleich die seiner »Verherrlichung« ist (3, 12 ff.; 6, 63 ff.; 12, 23 ff. 32 f.; 13, 1. 31 ff.; 17, 1 ff.). Keineswegs ist Jesu Tod nach Johannes nur der Durchgang eines vom Himmel gekommenen und in die Herrlichkeit zurückkehrenden mythischen Gottwesens, sondern der Durchbruch dieser Herrlichkeit in einem höchst realen, mit den Augen des Glaubens geschauten und gedeuteten Geschehen. Was der blinde, an die Welt verlorene Unglaube nicht sieht, ist dem Glauben Gewißheit: In der Hingabe des Sohnes ist Gottes rettende Zuwendung zur Welt Ereignis geworden (3, 16), vollendet in Jesu Dienst (Fußwaschung, 13, 1 ff.). In diesem Geschehen ist nun auch die Liebe der Jünger untereinander begründet. Beispielhaft ihnen vor Augen gestellt, ist sie sein Vermächtnis und das Unterpfand bleibender Gemeinschaft mit ihm (13, 31 ff.; 15, 1 ff.). Mitten in Drangsal und Not ist ihnen damit nicht erst für eine apokalyptische Zukunft, sondern jetzt schon der errungene Sieg ihres Herrn zugesagt (16, 33).

Sichtlich hat auch Johannes ähnlich wie Markus im Sinne seiner theologia crucis die ihm vorliegende Tradition kritisch verarbeitet. Das zeigt sich daran, daß die Passionsmotive noch radikaler als irgendwo sonst bis zum Anfang der dargestellten Geschichte Jesu vorgeschoben sind und immer wieder auf das Ende vorausweisende Signale gesetzt werden: schon im Zeugnis des Täufers (1,26. 29) wie in dem Hinweis auf Jesu »Stunde« in der Kanageschichte, in der programmatisch schon in 2, 13 ff. erzählten Geschichte von der Tempelreinigung und so durch das ganze Evangelium. Darum auch die scharfe Kritik jedes bloßen Mirakelglaubens (4, 48 u. ö.). Einen Jesus, der, wie alle Welt erwartet, von seinem Demonstrationsrecht Gebrauch macht, erkennt Johannes nicht an; sichtbare, handfeste Beweise, auf die hin man glauben könnte, gibt es für ihn nicht. Wohl aber erkennt der auf das Wort vom gekreuzigten Jesus gegründete Glaube von rückwärts her nun auch in der Geschichte des Irdischen das Aufstrahlen seiner Herrlichkeit.

Johannes hat diese Erkenntnis in einer unvergleichlichen Tiefe reflektiert und mit einer grandiosen, oft auch fast beklemmenden Monotonie und Einseitigkeit zur Sprache gebracht. Die Christenheit heute hat allen Grund, sich darüber zu freuen, daß wir außer ihm auch die synoptischen Evangelien besitzen, aber nicht minder Grund, sich von Johannes die Dimensionen des Glaubens eröffnen zu lassen, in denen die Geschichte Jesu als Geschehen zwischen Gott und Welt verstanden sein will.

Daß seine Botschaft nachgewirkt hat, wenn auch zunächst wohl in bestimmten johanneischen Gemeinden, zeigt der *Erste Johannesbrief*. (Der Zweite Johannesbrief darf hier beiseite gelassen werden, da er keine neuen Gedanken bringt.) In ihm werden einzelne große Themen, die schon im Evangelium angeschlagen sind, in Anwendung auf Glauben und Leben der Gemeinde in einer Folge von Meditationen erörtert (Gotteskindschaft und Bruderliebe, Sündenbekenntnis und Freiheit von der Sünde, Glaube und Irrlehre und dergl.).

Sprache und Gedankenwelt sind dem Johannesevangelium eng verwandt. Dessen weiter Horizont ist freilich hier »kirchlich« verengt, und Gedanken traditionell urchristlicher Lehre, die im Evangelium zurückgedrängt sind, treten wieder stärker hervor. Sie betreffen insbesondere die Sakramente (5, 5 ff.), den Kampf gegen die Häresie (2, 18 ff.; 4, 1 ff.) und die hier durchaus futurische Eschatologie (2, 1 ff.). So sind schwerlich beide vom selben Autor verfaßt. In der Richtung der im Ersten Johannesbrief erkennbaren Angleichung johanneischer Gedanken an die allgemein christliche Lehre ist, wie sich deutlich erkennen läßt, auch das Evangelium an einigen Stellen von späterer Hand überarbeitet und mit Zusätzen versehen worden, sichtbar besonders in Joh. 6, 51–58 (Herrenmahl, dessen Stiftung in Joh. 13 nicht berichtet wird) und in Joh. 5, 27 ff. (Totenauferstehung zum Weltgericht).

SCHLUSS

Das eine Thema des Neuen Testaments

Wer dem Durchgang durch die Schriften des Neuen Testaments in diesem Buch gefolgt ist und die Fragen mit bedacht hat, die uns dabei beschäftigten, mag erstaunt, wenn nicht gar verwirrt sein angesichts der Mannigfaltigkeit der hier dargestellten urchristlichen Glaubenszeugnisse. Vielleicht wird er nur verwundert den Kopf schütteln über das Aufgebot von verschiedenartigen Konzeptionen und Gedanken über Jesus von Nazareth, der an sich selbst am wenigsten gedacht und nicht nach sich gefragt hat. Läßt sich aus allen diesen Stimmen seine Stimme noch vernehmen? Wir hören sie freilich nicht anders als durch die Stimmen von Menschen, die an ihn glaubten und ihren Glauben in der Sprache ihrer Zeit und in den Grenzen ihres Vermögens sehr verschieden bezeugten. Eine über allen Wandel der Zeiten hinweg uniforme Lehre ist dem Neuen Testament darum ebensowenig abzugewinnen wie dem Alten Testament. Hier wie da gibt es kein gradlinig reguliertes Strombett göttlicher Offenbarung.
Doch bietet das Neue Testament damit nicht weniger, sondern mehr und will in allen seinen Schriften dennoch auf *ein* Thema hin befragt und verstanden werden: Jesus Christus und seine Geschichte als Gottesgeschehen von endgültiger, entscheidender Bedeutung. So geben sie sein

Wort weiter, indem sie selbst vielstimmig auf die Frage antworten: Nicht nur wer *war*, sondern wer *ist* Jesus? Diese Frage halten sie wach und warten auf neue Antwort auf die Herausforderung Gottes und sein heilbringendes Angebot an die Welt in Christus.

Man sollte sich abgewöhnen, diese vielfältigen Stimmen des Neuen Testaments allzu schnell als einen wohlklingenden, polyphonen Chor zu bezeichnen, oder in einem anderen, beliebten Bilde zu sprechen: die urchristlichen Glaubenszeugnisse wie ein Prisma anzusehen, in dem das eine Licht der Offenbarung sich in einem wunderbaren Farbenspiel gebrochen hat. Derlei ästhetische Vergleiche verfälschen die Sache eher als daß sie sie sichtbar machen. Wer das Neue Testament aufmerksam liest, wird sehr bald inne, daß es zwar wirklich große Zusammenklänge, aber auch schrille Dissonanzen in ihm gibt und in seinen vielerlei Antworten sich ebenso ein echter, Jesu Wort bewahrender und weiterdringender Glaube ausspricht wie ein in gewohnte Traditionen zurückfallendes und in die Irre gehendes Verständnis und Mißverständnis des Glaubens.

An diesem Ringen der Geister wird die Christenheit weiter beteiligt und ihr also nicht die Rolle bloßer Zuhörer und Zuschauer überlassen. Sie selbst ist, wie die Welt mit ihr, gefragt, ob der für Menschenaugen am Kreuz Gescheiterte ein »Skandal« sei wie einst für die Juden zur Zeit des Paulus und ein »Unsinn« wie für die Griechen, oder ob der Gekreuzigte für sie Gottes Kraft und Weisheit ist (1. Kor. 1, 18–25). Er ist derselbe einst wie jetzt, und die durch die Botschaft heute Angeredeten sind gewissermaßen auch dieselben wie die ihm Begegnenden damals.

In dieses für Zeit und Ewigkeit entscheidende Geschehen wird jede neue Generation von Jesus Christus selbst hineingezogen. So ist das Neue Testament nicht nur historisch verstanden die Ur-kunde des christlichen Glaubens. Nach wie vor wird die Geschichte dieses Glaubens die Geschichte der Passion Jesu bleiben, aber auch die Geschichte seiner Auferstehung.

LITERATURHINWEISE

Die Angaben beschränken sich auf eine Auswahl neuerer Werke; dort Hinweise auf weitere Literatur (* = allgemeinverständlich). Vgl. ferner die einschlägigen Artikel in den Nachschlagewerken:

Die Religion in Geschichte und Gegenwart (1957—1965[3]) (RGG[3])
Evangelisches Kirchenlexikon (1962[2])
Lexikon für Theologie und Kirche (1957—1968[2])
Biblisch-Historisches Handwörterbuch (1962 ff.)

I. GESCHICHTE DER FORSCHUNG

W. G. Kümmel, Das Neue Testament. Geschichte der Erforschung seiner Probleme (1970[2])
W. G. Kümmel, Das Neue Testament im 20. Jahrhundert. Ein Forschungsbericht (1970).

II. TEXTAUSGABEN

a) *Griechisch*
E. Nestle-K. Aland (Hg.), Novum Testamentum Graece (1963[25])
A. Huck-H. Lietzmann (Hg.), Synopse der drei ersten Evangelien (1950[10])
K. Aland (Hg.), Synopsis quattuor Evangeliorum (1970[7])
b) *Deutsche Übersetzung*
* Zürcher Bibel (verschiedene Ausgaben)
* U. Wilckens, Das Neue Testament. Übersetzt und erklärt (1971[2])
* C. H. Peisker, Zürcher Evangelien-Synopse (1970[10])
c) *Apokryphen des Neuen Testaments*
E. Hennecke-W. Schneemelcher (Hg.), Neutestamentliche Apokryphen in deutscher Übersetzung I (1968[4]), II (1964[3])

III. EINFÜHRUNG IN DAS NEUE TESTAMENT (LITERATURGESCHICHTE)

* M. Dibelius, Geschichte der urchristlichen Literatur I/II (1926) (Sammlung Göschen)
R. Knopf-H. Lietzmann-H. Weinel, Einführung in das Neue Testament (1949[5])
(P. Feine-J. Behm-) W. G. Kümmel, Einleitung in das Neue Testament (1969[16])
* W. Marxsen, Einleitung in das Neue Testament (1965[3])
* J. Schreiner (Hg.), Gestalt und Anspruch des Neuen Testaments (1969)

IV. THEOLOGIE DES NEUEN TESTAMENTS

R. Bultmann, Theologie des Neuen Testaments (1968[6])
H. Conzelmann, Grundriß der Theologie des Neuen Testaments (1968[2])
* W. G. Kümmel, Die Theologie des Neuen Testaments nach seinen Hauptzeugen (1969)
* H.-D. Wendland, Ethik des Neuen Testaments (1970)

V. UMWELT UND GESCHICHTE DES URCHRISTENTUMS

* R. Bultmann, Das Urchristentum im Rahmen der antiken Religionen (1962) (rde)
* H. Conzelmann, Geschichte des Urchristentums (1971[2])
W. Bousset-H. Greßmann-E. Lohse, Die Religion des Judentums im späthellenistischen Zeitalter (1966[4])
B. Reicke, Neutestamentliche Zeitgeschichte (1968[2])
Umwelt des Urchristentums I—III (1967—1970[2])

* E. Lohse, Umwelt des Neuen Testaments (1971)
M. Hengel, Die Zeloten (1961)

VI. KOMMENTARREIHEN

Kritisch-exegetischer Kommentar über das Neue Testament (MeyerK)
Handbuch zum Neuen Testament (HNT)
Herders Theologischer Kommentar zum Neuen Testament (HThK)
* Das Neue Testament Deutsch
* Regensburger Neues Testament

VII. KANON

H. v. Campenhausen, Die Entstehung der christlichen Bibel (1968)
E. Käsemann (Hg.), Das Neue Testament als Kanon (1970)

ZUM I. TEIL

Jesu Botschaft

* R. Bultmann, Jesus (1964) (Siebenstern)
* G. Bornkamm, Jesus von Nazareth (1971[9])
* H. Braun, Jesus. Der Mann aus Nazareth und seine Zeit (1969[2])
* E. Schweizer, Jesus Christus im vielfältigen Zeugnis des Neuen Testaments (1968)
J. Jeremias, Neutestamentliche Theologie I: Die Verkündigung Jesu (1971)
G. Klein, »Reich Gottes« als biblischer Zentralbegriff. In: Evangelische Theologie 30 (1970) 642—670

ZUM II. TEIL

Das Evangelium und die Evangelien

Der historische Jesus und der kerygmatische Christus (1961[2])
J. M. Robinson, Kerygma und historischer Jesus (1967[2])

ZUM III. TEIL

Die synoptischen Evangelien

A. *Die Quellen*

* G. Bornkamm, Art. Evangelien, formgeschichtlich und synoptische. In: RGG[3] II (1958), 749—769

B. *Die älteste Jesusüberlieferung*

M. Dibelius, Die Formgeschichte des Evangeliums (1971[6])
R. Bultmann, Die Geschichte der synoptischen Tradition (1970[8])
* R. Bultmann, Die Erforschung der synoptischen Evangelien (1966[5])

C. *Typen der Christusbotschaft*

H. Köster-J. M. Robinson, Entwicklungslinien durch die Welt des frühen Christentums (1971)
R. Pesch, Jesu ureigene Taten? (1970)
Die Bedeutung des Todes Jesu (1968[3])
Die Bedeutung der Auferstehungsbotschaft für den Glauben an Jesus Christus (1968[7])
U. Wilckens, Auferstehung (1970)

D. *Markus — Matthäus — Lukas*

* S. Schulz, Die Stunde der Botschaft (1970[2])

a) Markus

W. Wrede, Das Messiasgeheimnis in den Evangelien (1969[4])
W. Marxsen, Der Evangelist Markus (1959[2])
M. Horstmann, Studien zur markinischen Christologie (1969)
K. Kertelge, Die Wunder Jesu im Markusevangelium (1970)

b) Matthäus

G. Bornkamm-G. Barth-H. J. Held, Überlieferung und Auslegung im Matthäusevangelium (1970[6])
G. Strecker, Der Weg der Gerechtigkeit (1971[3])

R. Hummel, Die Auseinandersetzung zwischen Kirche und Judentum im Matthäusevangelium (1966[2])
W. Trilling, Das wahre Israel (1964[3])
c) Lukas
H. Conzelmann, Die Mitte der Zeit (1964[5])
Anhang: Apostelgeschichte
M. Dibelius, Aufsätze zur Apostelgeschichte (1968[5])
C. Burchard, Der dreizehnte Zeuge (1970)
Grundlegend ferner die Kommentare von E. Haenchen (MeyerK III; 1968[6]) und H. Conzelmann (HNT 7; 1963; Neuaufl. mit Nachträgen im Druck)

ZUM IV. TEIL

Das Evangelium in der Botschaft des Paulus

* M. Dibelius-W. G. Kümmel, Paulus (1970[4])
* G. Bornkamm, Paulus (1970[2])
B. Rigaux, Paulus und seine Briefe (1964)
K. H. Rengstorf (Hg.), Das Paulusbild in der neueren Forschung (1964)
E. Käsemann, Paulinische Perspektiven (1969)
D. Georgi, Die Gegner des Paulus im 2. Korintherbrief (1964)
D. Georgi, Die Geschichte der Kollekte des Paulus für Jerusalem (1965)
Zur Gnosis s. o. Lohse, Umwelt

ZUM V. TEIL

Christusbotschaft und Glaube in den späten Schriften des Neuen Testaments

Zum Hebräerbrief
E. Gräßer, Der Glaube im Hebräerbrief (1965)
Zum Johannesevangelium
E. Käsemann, Jesu letzter Wille nach Johannes 17 (1971[3])
W. Thüsing, Die Erhöhung und Verherrlichung Jesu im Johannesevangelium (1970[2])
Grundlegend die Kommentare von R. Bultmann (MeyerK II; 1968[19]) und R. Schnackenburg (HThK IV/1; 1967[2]). Vgl. ferner Schulz, Botschaft (s. o.)

Genauere Ausführungen zu Einzelthemen dieses Buches in G. Bornkamm, Gesammelte Aufsätze I-IV:
I. Das Ende des Gesetzes. Paulusstudien (1966[5])
II. Studien zu Antike und Urchristentum (1970[3])
III. Geschichte und Glaube. Erster Teil (1968)
IV. Geschichte und Glaube. Zweiter Teil (1971)

NAMEN- UND SACHREGISTER

Abendmahl → Herrenmahl
Abschiedsreden 159
Altes Testament 12—14, 141—143, 146
Antiochia 98, 104
Antithesen (der Bergpredigt) 47
Apokalyptik 19—21, 70, 91, 93, 98, 109 f., 146—149, 152, 158, 160 f.
Apokryphen des NT 42
Apostel 81—83, 90
Aposteldekret 82, 106
Apostelgeschichte 77, 81—86, 96, 105 f., 127
Apostelkonvent 82, 104—106, 126
Apostolat des Paulus 120
Auferstehung Jesu 33 f., 60, 70, 166
Auferstehung der Toten 109, 115, 123, 163

Barnabas 82, 105 f.
Bekenntnis (→ Credo) 33 f., 53, 61
Bergpredigt 37, 47
Beschneidung 105, 121
Bibelwissenschaft 10 f., 25
Biblizismus 25 f., 28
Briefsammlungen 93, 110 f., 122
Bund 13, 144
Buße → Umkehrforderung

Christusbotschaft (→ Heil, Kerygma, Jesusüberlieferung) 28—30, 32, 55, 57, 89—91, 95, 99, 101, 103, 120, 142, 144, 149
Chronologie 44, 96
Credo 30, 32, 53, 61

Dämonenaustreibungen 56, 58, 68
Damaskus 97—99, 102

Enthusiasmus 69, 72, 76, 114 f., 159
Epheserbrief 130 f., 135
Ephesus 92, 110
Erlösung 157 f.
Eschatologie 21, 70, 76, 131, 136, 144, 147, 152, 163
— präsentische 152, 158

Evangelien, synoptische 17, 26, 28, 35—39, 44, 52, 60, 65 f., 152 f., 156 f.
Evangelium, das 28—31, 64, 91, 93, 104, 107, 120, 123

Feldrede 37, 47
Freiheit 102, 113—115
Friede 131

Galaterbrief 120—122
Galatien, Galater 90 f., 106
Gallio 96
Geist 115, 117, 151, 159 f.
Gemeinde (→ Kirche, Leib Christi) 50 f., 115, 142, 159
Gerechtigkeit Gottes 100 f.
Gericht 148, 158, 160
Geschichtsverständnis 9—11, 14—16, 49, 77 f., 81, 148 f., 156, 158
Geschichte Jesu (→ Leben-Jesu-Theologie, historischer Jesus) 24, 30 f., 33, 43, 59 f., 64 f., 70, 77, 79, 100, 159—162
Geschichtsschreibung, antike 40, 77, 81, 84 f.
Gesetz 23, 73, 97—101, 121, 123, 127, 144
Gesetzesfreiheit 104 f., 126, 128
Glaube 16, 59, 100, 112, 125, 138, 140, 142—144, 154, 159 f., 162, 164 f.
— und Werke 101, 138
Gnade 99, 101, 125, 138
Gnosis 56, 114, 116 f., 131, 133, 143, 157 f.
Gott 22, 100
Gottesdienst 91, 115, 133
Gottesherrschaft 18—23, 46, 54, 68, 70
Gottessohn 25
Grab, leeres 34, 62

Häresie → Irrlehrer
Hebräerbrief 135, 140—144

Heidenchristentum 125—128, 140 f.
Heidenmission 106
Heil 30 f., 109, 128, 142
Heiland 79
Heilsgeschichte 80 f., 143
Hellenisten, die → Stephanus
Hellenistisches Christentum 64
Herrenmahl 123, 163
Hoheitstitel Jesu (→ Heiland, Hoherpriester, Jesus Christus, Kyrios, Lamm Gottes, Logos, Menschensohn, Messias, Sohn Gottes) 31, 68 f., 73
Hoherpriester 142

Ich-bin-Worte Jesu 154 f.
Irrlehrer 111 f., 121—123, 129, 130 f., 136

Jakobus (Herrenbruder) 106, 126
Jakobusbrief 137 f.
Jerusalem 82 f., 95, 98, 103
Jesus Christus 14, 17, 31, 137, 143, 157, 164—166
— Gleichnisse 22, 38, 46, 68
— Heilungen 47, 56
— historischer irdischer Jesus 18, 20, 24, 26 f., 32, 48, 70, 76, 80, 99, 140, 152, 155, 157
— Kreuz 33, 55, 98, 102, 113, 117, 160
— Taten 23, 56—60, 66 f.
— Verkündigung 18, 20, 22, 66 f., 73 f., 157
— Vollmacht 59, 66 f., 75
— Worte 46, 54—56
— Wunder 54, 56, 59, 63
Jesus-Report 27, 41, 61 f.
Jesusüberlieferung 32, 34, 38—53, 53—63, 64, 67, 71, 80, 150
— Bericht als Bekenntnis 53
— Gemeindebildungen 21, 51 f.
— Herrenworte 36, 46, 152
— Jesusgeschichten 47, 56—60
— Legenden 48—50
— mündliche Überlieferung 39, 42, 52, 54
— Passionsberichte 36, 54, 60—63, 68, 70 f., 152 f., 161, 166
— Typen der Christusbotschaft 53—63, 153
— Weisheitsworte 46
— Wundergeschichten 57, 59, 67, 96, 120
Johannes Jünger 150
Johannes der Täufer 157
1. Johannesbrief 162 f.
2. Johannesbrief 162
3. Johannesbrief 151
Johannesevangelium 52, 149—162
Judaismus 121
Judasbrief 144 f.
Judentum 74, 126 f.
— Diasporajudentum 73, 143
— hellenistisches 98, 138

Kanon 12 f., 134
Kerygma (→ Christusbotschaft) 30, 32, 53, 65
Kirche 71 f., 74—77, 80 f., 126—128, 132—134, 136, 151, 163
— Einheit aus Juden und Heiden 72, 83, 127, 152
Kollekte 105, 126 f.
Kolosserbrief 130 f.
Komposition → Redaktion
Korinth, Korinther 91, 108, 110—112, 117, 119
1. Korintherbrief 109, 110—117
2. Korintherbrief 110—112, 117—122
Kosmos 131
Kreuz und Auferstehung (→ Passion, Ostern) 64 f., 68 f.
Kreuzesbotschaft 29, 100, 161
Kyrios 72, 79

Lamm Gottes 149
Leben-Jesu-Forschung 25—28, 40—43, 65, 78
Leib Christi 113, 124, 131
Leiden 71, 120
Leidensweissagungen 61
Liebesgebot Jesu 21, 72, 161
Literarkritik 39

Logienquelle (Q) 36—38, 54—56, 66, 71
Logos 155, 158
Lukasevangelium 35—39, 52, 77—81
— Sondergut 38 f., 79
— Vorgeschichte 42, 48 f.

Magie 57
Markusevangelium 28, 32, 35—38, 52 f., 55 f., 63—71
Matthäusevangelium 35—39, 52, 71—76
— Sondergut 38 f., 71
— Vorgeschichte 42, 48 f.
Mensch (Anthropologie) 100—102, 124
Menschensohn 55
Messias (Christos) 98
Messiasgeheimnis 68 f.

Nachfolge 71
Naherwartung (→ Parusie) 107, 109 f., 114, 137, 139, 145

Offenbarung 13, 100 f., 146
Offenbarung Johannes 87, 136, 145—149, 151
Osterberichte 33, 36, 60—62

Parabeltheorie 68
Parusie 109 f., 123, 144
Parusieverzögerung 80
Paulus 63, 77, 95
— Berufung (Bekehrung) 99, 102 f.
— Gefangenschaft 92, 122, 129
— Gegner 60, 116—119, 144
— Geschichte 85 f., 94—107, 129
— Mission 82, 106 f., 124—128, 140
— Mitarbeiter 90, 92
Paulusakten, apokryphe 97
Paulusbriefe 84 f., 87—94, 95 f.
— Formular 92
Paulusschüler 129 f.
Petrus 63, 75, 82, 104, 106, 112, 140, 144
1. Petrusbrief 138—140
2. Petrusbrief 144 f.
Pharisäer 18, 72, 83, 97, 106
Philemon(brief) 92, 121, 130
Philipperbrief 121 f.
Philippi, Philipper 107 f.

Q → Logienquelle
Qumran 27

Rechtfertigungslehre 84, 100, 102 f., 109, 121—125, 138, 144
Redaktion 36, 44—46, 65, 68, 78
Reich Gottes → Gottesherrschaft
Römerbrief 121, 122—129
Rom 82, 91, 96, 106 f., 124, 140

Schweigegebote 68
Seligpreisungen 22, 76
Semeiaquelle → Zeichenquelle
Septuaginta 13
Sitz im Leben 52
Sklavenfrage 92
Sohn Gottes 55, 58, 62, 68—70, 73, 142, 154 f.
Spruchquelle → Logienquelle
Staat und Kirche (→ Verfolgung) 147
Stephanus 98
Stoa 113 f.
Streitgespräche 47
Sünde 125
Supranaturalismus 25, 69
Synkretismus 116
Synopse 35, 43

Taufe 124, 139
Thessalonich(er) 107, 108—110
1. Thessalonicherbrief 108 f.
2. Thessalonicherbrief 109 f., 129
Thomasevangelium 56
1./2. Timotheusbrief 132 f.
Titus 119, 132
Titusbrief 132 f.

Überlieferung(sformen) (→ Jesusüberlieferung) 46

Umkehrforderung Jesu 23

Urgemeinde 33, 83, 85 f., 98, 103—105, 121, 126 f., 146

Vaterunser 22, 37
Verfolgung 97 f., 136, 140, 147
Via Egnatia 107

Wanderapostel 117, 121, 151
Weisheit 113, 117
Welt 20, 100, 155 f.
Wir-Quelle 85
Wunderglaube 162
Wundermänner (göttliche) 47, 56 f., 67, 96, 120

Zeichenquelle 59, 153
Zeloten 19 f.
Zukunft (→ Eschatologie, Apokalyptik) 15, 20, 22 f., 31
Zweiquellentheorie 35, 37, 39
Zwölf Apostel 82

BIBELSTELLENREGISTER

ALTES TESTAMENT

1. Mose
1,31 *58*

Jesaja
35,5 f. *58*

Jeremia
31,31 *13*
38,31 *13*

Psalm
110 *142*

NEUES TESTAMENT

Matthäus
1 *42*
4,1 ff. *45*
4,17 *23.80*
5—7 *37.47*
5,1 *45*
5,3 ff. *22*
6,9 ff. *22.37*
6,25 ff. *46*
7,15 ff. *136*
7,28 f. *23*
8,5 ff. *36.54*
11,2 ff. *50*
11,5 *58*
12,25 ff. *54*
12,38 ff. *54*
12,41 *55*
12,43 ff. *54*
13 *37*
13,14 ff. *38*
13,16 f. *22*
13,24 ff. *22*
13,31 f. *22*
13,33 f. *22*
13,36 ff. *38*
13,44 ff. *38*
13,47 ff. *38*
13,52 *53*
14,28 ff. *38*
15,28 *59*
16,17 ff. *38*
18,23 ff. 22.38
20,1 ff. *22.38*
21,28 *38*
25,1 ff. *38*
25,31 ff. *38*
26/27 *60*
26 *45*
27,64 *62*
28,16 ff. *45*

Markus
1,1 *28*
1,15 *18.80*
1,24 *58*
1,32 ff. *58*
3,7 ff. *58*
3,11 *58*
3,27 *22.58*
4 *55*
4,26 ff. *38*
4,35 ff. *58 f.*
5,1 ff. *57*
5,28 ff. *57*
5,34 *59*
5,41 *47*
6,3 *42*
6,53 ff. *58*
7,31 ff. *58*
7,32 ff. *38*
7,34 *47*
8,22 *38*
8,31 *61*
8,33 *50*
9,2 ff. *45*
9,31 *61*
10,33 f. *61*
10,46 ff. *58*
11,1 ff. *62*
12,13 ff. *20*
13,7 ff. *80*
13,22 *136*
13,26 ff. *149*
13,33 *22*
14/15 *60 f.*
14,3 ff. *45*
14,21 *61*
14,41 *61*
14,60 *62*
15,31 *63*
15,34 *62*
15,39 *62*

Lukas
1,1 ff. *41.52.153*
3 *42*
5,1 ff. *39*
6,20 ff. *22.37.47*
7,1 ff. *36.54*
7,11 ff. *39*
7,18 ff. *37*
7,36 ff. *45*
9,51 ff. *45*
9,57 ff. *50.54*
10,2 ff. *37*
10,13 ff. *37.54*
10,21 ff. *37*
10,21 f. *55*
10,23 f. *23*
10,29 ff. *39*
10,30 ff. *46*
11,2 ff. *22.37*
11,5 ff. *39*
11,20 ff. *54*
11,20 *22*
11,24 ff. *54*
12,2 ff. *37.54*
12,13 ff. *39*
12,22 ff. *38*
12,56 *20*
13,1 ff. *39*
13,10 ff. *67*
13,55 *42*
14,1 ff. *67*
14,16 ff. *38*
14,26 f. *38.54*
15,1 ff. *38*
15,8 ff. *39*
15,11 ff. *39*
16,1 ff. *22.39*
16,19 ff. *39*
17,11 ff. *39*
17,20 *22*
17,24 ff. *21*
18,1 ff. *39*
18,9 ff. *39*
19,1 ff. *39*
22/23 *60*
22,24 ff. *63*

Johannes
2,1 ff. *57*
5,9 ff. *67*
5,27 ff. *163*
6,51 ff. *163*
9,1 ff. *58*
9,16 ff. *67*
12 *45*